JN127111

TRUNK & STAMP

IMMIGRATION
ARRIVED
SYDNEY AIRPORT
152W
AUSTRALIA

REPUBLICA DE NICARAGUA
AEROPUERTO INTERNATIONAL
MANAGUA
E 16 JUN, 2011
Inspector
PERMANANCIA
DIAS

僕が旅人になった日

TABIPPO編

THE DAY I STARTED AS A TRAVELER

この気持ちはなんなのか、
安心なのか、退屈なのか。

まいにち同じ景色しか見えない席も、
飼育されているように
狭い箱の中をウロウロするだけの自分も、
朝、同じ時間に鳴る時計も、
笑っているはずなのに
心がざわざわしてしまうあの瞬間も。

ああそうか。

あの名前のつけられない感情たちは全部
「ここではないどこか」へ
踏み出せない自分への焦りだったんだ。

WHY DID YOU GO ON A JOURNEY?

旅に出た理由

それは…

方向が合っているかはわからないけど、
とにかく前に進みたかった。

一人でここまで来れたよって自信が欲しかった。

まだ死ねない理由を探して。

最短距離を歩く人生から、ちょっと寄り道したかったから。

ゾウに乗りたかったから。

空を飛びたかったから。

誰にも干渉されない場所へ、自分一人を持って行きたかった。

特別な自分に、何者かになりたかったから。

自分のこれからに、日常から社会から現実から、
脱走したかったから。

自分の人生を語れる人間になりたかった。

**未来の自分に、
懐かしくてたまらない思い出を
プレゼントしたかったから。**

自分の小ささを知りたかった。

なんのために生まれて、なにをして喜ぶ
答えられないまま終わる そんなのは嫌だ! から。

何を信じていいかわからない世界を、
自分の目で見たかったから。

**くだらないことは、
もうたくさんだったから。**

人生が終わる前に行きたいところがあったから。

ウォーリーのように、自分に必要のないものを捨てたかった。

**わからない、
からまた旅に出る。**

「なぜ旅に出たいの？」
噛み心地のいい答えを探していた。
でも本当はたぶん、
そんなのどうだってよかった。

だってこの人生は、
たった一度きりなのだから。

WHAT IS A JOURNEY FOR YOU?

旅って何？

それは…

一人で決め、一人で歩き、一人で断り、一人で食べて、一人で寝る。
一人で笑い、一人で泣ける貴重な時間。

肩書きを捨て、何者でもない自分自身になれる時間。

**いる場所も行く場所も、
自分で選べる。
それは、大人の特権だと思う。**

夢みたい、と思える毎日が続くこと。

**人生一度きりの出会いを
繰り返すこと。**

子どもに戻ることを許された期間。

非日常の中から、日常のありがたさを知るもの。

何回泣いたって、キリのない日々。

“いい子”を捨てること。

知らないとか、見たことないとか、まだ埋まっていない世界の余白を楽しむもの。

人と比べることのくだらなさ、
自分のコンプレックスを個性だと知ること。

わたしを再確認する方法。

ただ一瞬、“行く”と決める勇気さえあれば誰だってできるもの。

凝り固まった習慣や常識のリセットボタン。

世界中を“僕の街”にすること。

金ピカの夢。

自分以外、誰も知らない記憶があるということ。
生きているって実感する時間。

ドラマチックな物語のように。

感動ものの映画のように。

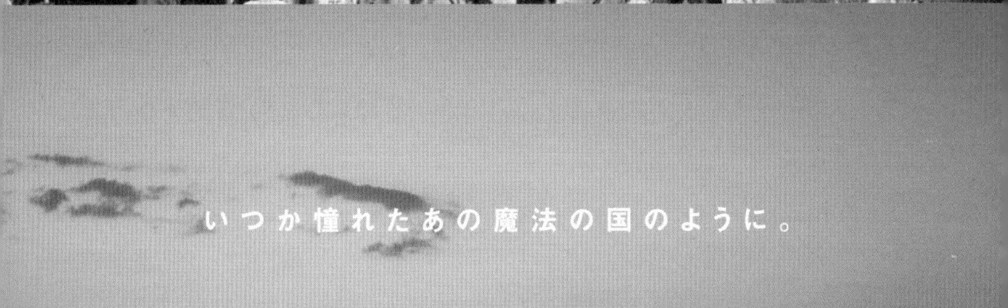

いつか憧れたあの魔法の国のように。

現実はそんな夢のような旅ばかりじゃない

旅が自分を変えてくれるだなんて

厚かましいことは思っていない。

旅なんかしなくたって、生きていける。

それでも僕らは旅をする。

前にも後ろにも進めない自分でいるよりも、

今日よりも少しだけ、明日の自分を

好きになるために。

HOW WAS THAT DAY?

旅人になった日

それは…

日本人のパスポート所持率、たった23%。
そのマイノリティになった日。

夢だった仕事を退職した日。

どこで生きるかを探し始めた日。

全部なくなってしまった日。

無力な自分を受け入れた日。

諦めだらけの毎日から抜け出した日。

社長の無茶振りを断れなかった日。

馬鹿みたいな夢を叶えた日。

初めて海の向こうに行った日。

面倒くさい毎日のほうを選んだ日。

人生の希望を見つけられた日。

**何のために生きるか
わからなくなった日。**

やさしい夫の涙を見た日。

19歳で幼馴染が亡くなった日。

15歳で故郷から巣立った日。

お金を稼ぐことをやめた日。

**一歩踏み出せば、
夢は現実になると知った日。**

父と母の言葉に逆らった日。

自分にできることを見つめ直した日。

**生き急ぐことを
やめた日。**

Contents

The day I started as a traveler.

一人旅、世界一周、海外移住、ホームステイ、野宿、巡礼、帰国子女、登山、カヌー下り、自転車旅、大陸横断、働きながら旅をする……。
この本は、メディアプラットフォーム「note」において、「#旅とわたし」に投稿された4,000件以上の作品をもとに、あらゆる形で世界中を旅した、20人の旅のストーリーをまとめた本です。

Now, here we go.

僕たちは、

旅ができる時代に

生まれてきた。

イスラエル／世界一周
Israel

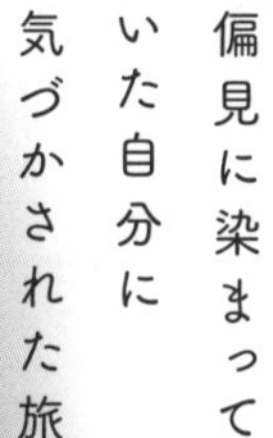

01

イスラエルで見た戦争と平和

原 歩未（26歳）／飲食業

私が旅人になった日…それは

たった23％のマイノリティになった日

お金持ちの「遊び」じゃない旅

高校の卒業式を終えて３週間後、
オーストラリアにいた私は、ある旅人に出会った。

「ある程度、歳を重ねてから旅することも大事だよ」

お金持ちの遊びだと思っていた世界一周を、
ボロボロのバックパックを背負ってしている彼らは言った。
まだ未成年の私にとって、彼らはもちろん大人で、
でもなんだか、子どもみたいに自由で、うらやましかった。

大人になっても彼らへの憧れを捨て切れなかった私は、
26歳の時に仕事を辞め、世界一周の旅に出た。

世界一周の前に、守ろうと決めたことが二つある。
一つは、**「生きて帰ること」**。
大袈裟に聞こえるかもしれないけれど、
何があるかわからないのが旅。
最大の親不孝だけは避けようと決めていた。
もう一つは、**「自分の目で見て、自分の肌で感じること」**。

テレビで見る風景、ネットで得る情報がすべてではなく、
自分の感じたことを自分の答えにして、生きたいと思った。

世界一周199日目、そして27か国目。
ヨルダン行きの飛行機を待つ私は、正直ビクビクしていた。

中東。悪いニュースでよく聞く国名。
入国審査も厳しいだろう……と覚悟していたけれど、
「ジャパニーズ！ ウェルカーーム！」
笑顔のお兄さんは、拍子抜けするほどあっという間に
私のパスポートにスタンプを押した。
むしろ、私を緊張させたのは、
ヒジャブからのぞく地元の人たちの大きな目だった。
日本人の旅行者は、やっぱり珍しいのだろうか。
まるでハリウッド俳優が来たかのように見つめられながら、
バスに乗り、町の中心部へ向かう。
窓が閉まっていても砂っぽいのがよくわかるほど、
空気が霞んでいる。
看板に描かれたクネクネの文字は、蛇にしか見えない。
目印のモスクを見つけ、近くの宿に入った。

食堂に三つ並んだ国旗の意味って？

翌日、丘に向かって歩いていると、
どこからかふわっと香ばしい匂いがした。
見つけたのは家族経営らしき小さな食堂で、
中では12歳くらいの男の子がテキパキと接客をしている。
私に気づくと、**「ウェルカム！」**と声をかけてくれた。

片言の英語で、自分はイスラエル人だと教えてくれた。
すると、奥からまた別の男の子が出てきて、
イスラエル人の男の子と肩を組み、仲良さげに私に言った。
「僕はパレスチナ人なんだ」
恥ずかしいほど歴史や政治に詳しくない私でも、
二つの国の関係性は知っている。
「イスラエルとパレスチナって仲…良くないよね？」
戸惑いを察したかのように、彼らは笑顔で言った。
「Country, No Friends.We are friends! Doesn't matter!」
（国は仲悪いよ。でも、僕たちは友達なんだ！ 関係ない！）

お店には、パレスチナ、イスラエル、ヨルダン、
三つの小さな国旗が並べて飾ってあった。
彼らの言葉を、まるで証明しているかのように。

世界一審査が厳しい国境

数日間ヨルダンに滞在したあと、
私は歩いて国境を渡り、イスラエルに入った。
ヨルダン-イスラエル間は、
「世界一審査が厳しい国境」と言われている。
ヨルダン側を出て、高い鉄柵に囲まれた一本道を進む。
世界一周の間、何回も歩いて国境を越えたけれど、
この場所ほど冷たくて、寂しくて、
空気が張り詰めていた道はなかった。

イスラエル側に着くと旅人が数人、荷物検査を受けていた。
次が、私の番。

たくさんの国旗が縫いつけられたバックパックと
長旅ならではの風貌からか、**「荷物をすべて出せ」**と言われた。
化粧ポーチも、ダウンのポケットもすべてチェックされ、
歯磨き粉や液体物は別室に持っていかれた。
荷物検査が終わると、今度は質問攻め。
「何しに来た？」「今までイスラム圏には行った？」
「なぜこんなに長く旅を？」「親は何をしている？」

真顔で続く面接……どれくらいの時間がかかっただろう。
疲れ果てた頃、やっと入国させてもらえた。
あとにも先にも、ここまで時間のかかった審査はなかった。

「イスラエルって、危ない国?」

そこまでして私がイスラエルに行くことにしたのには、理由があった。

遡ること半年前……最初に訪れたメキシコで、
私は人生で初めてイスラエル人に出会った。
名前はマヤ。彼女とはうんと親しくなって、
そのまま、年越しも一緒にする仲になった。

失礼を承知で聞いてみた。
「イスラエルって怖い? 危ない国?」

「よく言われるけど全然だよ！ 素敵な国だから、ぜひ来て！」
その約束を叶えに来たのだ。

微笑みに溢れたカフェのテーブル

国境の町から、バスでエルサレムへ。

トラムが走りとても整理されている新市街と、
歴史の残るレトロな風景の旧市街。
「イスラム過激派が……」「銃の乱射が……」
ニュースから得た先入観でこの国を見ていた私の目の前に、
コントラストの効いた美しい街並みが広がっていた。
そして、そこには思いもよらず、
フレンドリーに話しかけてくれる地元の人たちがいた。
無事、半年ぶりにマヤと再会することができ、
カフェで女子トークに花を咲かせた。
メキシコで別れたあとの旅の話、恋愛の話、将来の話。
日本で友達としているのと変わらない世間話。
周りには、家族の時間を過ごしているテーブルや、
手を握り合って微笑んでいるカップルの姿もあった。

半年前、私はメキシコでマヤに聞いた。
「イスラエルって危ない国？」って。
でも……この景色の、いったいどこが危ないんだろう？
この光景を、日本にいて、どれだけ想像できるだろう？

途中から彼女のお兄さんも来てくれて、
ファラフェルサンドという名物をご馳走してもらった。
ピタパンに、サラダ、ポテト、豆のコロッケが挟まっていて、
その上にこってりドレッシングのかかった、
まさに“カロリーモンスター”。

「日本人である君がうらやましい」

お兄さんは、子どものように目を輝かせて言った。

**「僕らはね、ほかの国に行くことがとても難しいんだ。
ビザの審査が厳しいからね。
何人もの友達が、入国拒否を受けて帰ってきた。
僕もいつか日本に行ってみたいな」**

自由に世界を旅する私を、心から羨ましがりながら。

日本のパスポートは、**「世界最強」**と言われる。
極東で暮らしているにもかかわらず、
私たちは、世界中190か国に自由に渡航することができる。
「私が日本人だから」ただそれだけの理由で。

なのに、こんなに素晴らしいパスポートを持てるのに、
日本人の所持率は、たった23%だという。

平和活動家のイブラヒムおじいさん

エルサレムでは、イブラヒムおじいさんの家、
通称"ピースハウス"と呼ばれる宿に泊まった。

中心街のターミナルから、オリーブの丘に向かうバスに乗る。
ドライバーに言う単語は、
「イブラヒム、ピースハウス、プリーズ」の三つだけ。
それだけで伝わる、現地でも、とても有名な人。

平和活動家の彼は、40年以上前から自宅を宿として開放し、
いつしかここは、世界中の旅人が集まる場所になった。
宿泊費はなく、代わりに寄付金を納めて泊めさせてもらう。

彼の口癖は、**「イートモア！」「オール！」**
そして気づいたらイビキをかきながら、
ソファで寝ている可愛いおじいさん。
政府からパスポートをもらえていない彼は、無国籍者だ。
そのせいで何度も家を取り壊されそうになったのだけれど、
そのたびに、罰金を払い、
そのたびに、旅人たちが支援者となり、今がある。

メイン通りから少し奥まった場所。
決して、きれいとは言えない家のリビングには、
プラスチック製のテーブルと二人掛けのソファが置いてある。

目を引かれるのは、飾られた数々の賞状や、
イブラヒムおじいさんとアメリカ大統領とのツーショット写真。

違いを認め合える幸せを感じていた

私はシングルルームだったけれど、
ドミトリーにはドイツ人の女の子、ニュージーランド人の男性、
他にも欧米人のカップルが泊まっていた。

夕方、エルサレムを見下ろすことができるこの宿の屋上で、
みんなで語り合う時間が私は大好きだった。

この場所は、たしかに政治的な混乱地域だけれど、
特別な空気に飲まれて真面目な話をするわけではなかった。

どんな仕事をしているのか、母国の名物、誕生日の祝い方、
世界共通で楽しめる恋愛話だって、毎晩していた。
そんな幸せな文化の違いを、そしてそれを認め合う言葉を、
イスラエルの安宿の屋上で、私たちは交わしていた。

でも、滞在中に事件は起きてしまった。

「パレスチナ人がやった」

パレスチナ自治区であるガザ地区で、
イスラエル人の男の子３人が殺された。

イスラエル側は**「パレスチナ人がやった」**とし、
即、報復攻撃を宣言した。

私たちがいた時はインターネットが使えず、
このニュースは、イブラヒムおじいさん自身が
私たち旅人をリビングに集めて知らせてくれた。

**「この家があるのは、パレスチナ自治区。
ヨルダンとの国境・キングフセインブリッジがあるのも
事件があったところの近くだ。
国境が封鎖されてしまえば君たちは、
イスラエルからしばらく出られなくなるかもしれない。
命が危ない。もう、ここを出なさい」**

「戦争は終わらない。でも……」

そして、彼はため息を一つついて、こう続けた。

「The war is not over. But the war is not the answer.」

（戦争は終わらない。でも、戦争は答えではない）

そこにいた誰も、イブラヒムに言葉を返せなかった。

夕方、屋上にのぼると、旅人たちが皆、物思いにふけていた。
戦争を経験していない時代に生まれ、
内戦もない国に生まれた私たちは、
「正直これがどれだけ重大なことなのか、危ないことなのか、
想像することもできないよね」と繰り返し話した。

自分で考えることだけは、やめたくない

バスは、エルサレムの市街地を抜けて、
舗装されていないがたがたの道を走っていく。
道中、イブラヒムの言葉が、
頭の中でずっとリフレインしていた。

「戦争は終わらない」
平和活動家の彼が、はっきり私たちに伝えたのはなぜなのか。

「危ないから出なさい」
でも、もしここが私の生まれ育った場所だったら……。
ここにいる人たちは、これからもここで生きていくんだ。

わからないから終わらない。
でも、**「自分で考えることだけはやめてはいけない」**と思った。
わからないことだらけの世の中でも、
これからも、自分のものさしで考え続けていくことを、
私はあの日、強く誓った。

すっかり平和ボケしている私の頭は

翌日、銃撃戦と空爆が始まり、死者が出た。

そしてその後、私が世界一周を終えた頃に、
Facebookで、悲しい事実を知った。
「マヤのお兄さんが、紛争に駆り出されて、亡くなった」
日本に行きたいという夢を叶えることなく、
彼は20代の若さで、この世を去った。

あれから５年が経った今でも、何度も思い返す。
マヤに**「イスラエルって危ない国？」**と聞いてしまったこと。
何回も聞かれて慣れていたとしても、
その質問に悲しい気持ちがよぎらないわけがないはずだ。

イブラヒムおじいさんの低い声が静止画のように、
今も記憶に張りついている。

たとえ歴史のせいで国と国が争っていたとしても、
今その国で生きる人同士が仲良く生活することは、
いけないことなのだろうか。

平和ボケしている私は、考えれば考えるほど頭が重たくなる。

私ができる彼女たちへの謝罪

自分の発言に後悔ばかりがおそってくる。

しかしあの時、**「来て！」**と言ってくれたマヤのおかげで、
私は自分の心と体で実感できたのだ。
イスラエルには、たしかに平凡な時間が流れていたこと、
そして、たしかに終わらない紛争が存在したことを。

この経験を、また別の誰かに伝えることが、
私ができるマヤへのできるかぎりの謝罪だと思っている。

仕事柄、たくさんの外国人と会うけれど、
なかなか中東から来た人とは出会えていない。

マヤもイブラヒムも元気にしているのかな。

ちゃんと想像したい、思い出したい

SNSのある時代だ。
世界中で出会った友達が、今どうやって生きているのか、
私は親指１本で見ることができる。
そのたび私がいかに恵まれた国に生まれたのか実感しては、
マヤのお兄さんを思い出す。

今日も、テレビではニュースが流れる。
「テロが起きた」「犯人はあの国出身だった」
でも、その裏には、
自分の国が悪者になり、悲しんでいる人がいる。
事実を伝えるニュースは大事だ。
でも、私はちゃんと想像したい。
その国で生きている人たちの暮らしを、表情を、心の中を。
「危ない」「怖い」そして**「わからない」**
一つの情報だけを見てそこで思考停止してしまう、
そんな大人になりたくない。

だから私は、色メガネで見た世界ではなく、
自分の肌で感じた世界を歩き続けたいと、今日も思う。
日本人の中に、たった23%しかいない旅人に
私はあの日、なったのだから。

アルゼンチン／世界一周
Argentina

今も生き続けている理由を思い出せた旅

02

3.11から枯れた涙とパタゴニアにいた耳の聴こえない女の子

齋藤光馬（25歳）／大学生

僕が旅人になった日…それは

全部なくなってしまった日

たった45日間の世界一周

2時20分。暗い部屋にアラームが鳴り響く。
2時40分。眠い目をこすりながら顔を洗う。
2時55分。宿を出てランドクルーザーに乗り込む。

真っ暗な未舗装の道が続いて、塩湖に至る。
僕は目を閉じる。
「OK my friends」ドライバーが車を停めた。
僕は車を降り、真夜中のウユニ塩湖で目を開いた。
「すごい。すごく、きれいだ」宇宙のような満天の星。

時を忘れて空を仰いでいるうちに、地球は回り、
水色からピンクへ、世界は静かに明けはじめる。
日が昇り、雲は動き、空は真っ青にどこまでも広がる。
そして、そのすべてが塩湖の水面に完璧に反射する。
見上げた先も足元も、空。太陽も二つ。
遠くを見ると大地と空の境目がなくなり、
自分が本当に地面に立っているのか、わからなくなる。
ここがウユニ塩湖。世界一の、絶景。

永遠のようで、一瞬で過ぎていく。
この旅も、きっと人生も。
死ぬ前に、生きて、この絶景を見れて本当によかった。
僕の頬に、枯れていたと思っていた涙が流れた。

札束のような航空券を握りしめて

たった45日間の世界一周。短い旅がもうすぐ終わる。

はじまりは、福岡空港から。
チェックインで受付のお姉さんが驚いていた。
「こんなチケットは初めて見た」と。
世界一周航空券は、すべてのルートを自分で組む。
どこに行きたいか、行けるか、どう行くか。
地球を一周分つなぐとなると、航空券の束も分厚くなる。

それでも、アジアを回る時間がなかった。
タイでダイビングがしたかった。

中東は魅力があるってたくさん聞くし、
アフリカもたくさん行きたい国がある。
サファリに、キリマンジャロ、マグマもまだ見れていない。
アイスランドでオーロラを見たかったし、
犬ぞりに癒されてもみたかった。
ビール風呂にも入ってないし、死海にだって浮かんでない。

つまり、たった一人の人間の、
たった一度の旅では追いつかないほど、世界は広かった。

旅をすることが楽勝な時代のせいで

「旅をするのに、ずいぶん楽な時代に生きている」と思った。

朝起きるとSNSの通知を確認する。
朝ごはんを食べながら、今日は何をしようとネットを漁る。
コカの葉の紅茶を飲みながら、
目の前の景色より先に、日本語の世界を旅する。

街から街へ。移動中のバスには
Wi-Fiが必ずといっていいほどあり、
知らないサイトに自分のアドレスを
認証させる。
すぐに慣れるもので、
何と書いてあるかは読めなくても、
つなげることができるようになる。

「冒険」を奪われた僕たちは

バスターミナルから宿へ向かうには、タクシーを使う。
かっぷくのいいおじさんにスマホの画面を見せると、
住所は現地の言葉で表示されているため、
こちらが黙っていても勝手に連れて行ってくれる。
宿に着き、予約サイトに登録した自分の名前を言えば、
何の問題もなくチェックインできる。

指１本で行き方がわかり、宿が予約できる、今の時代。
ピンに向かって歩けばいいだけの、僕らの旅。
数十年前の旅人は、本を見て、町人に道を聞きながら、
なんとかたどり着いた宿にそれでも断られたりしたらしい。

便利な時代は、きっと旅から冒険を奪っている。

旅をしているのに、違うことを考えている。
地中海に浮かぶ島で波打ち際を歩きながら、
Instagramにストーリーをあげる。
古城をあとにするバスの中で、写真を加工してアップする。
旅の瞬間をわざわざ見せつけ、
いいね！ の数を気にしては、誰かの羨望になる自分を探す。

「旅をするってそういうことなんだっけ？」
そう思いながらも、不安定なWi-Fiに**「なんだよ」**とあたる。
なくてもいいはずなのに、その支配から逃れられない。
どれだけ広い世界を見ても、
この画面の中の世界に生きている自分と時代に嫌気がさす。

見れない便利は何にもならない

パタゴニアの旅は少し違った。

急ぎ足の世界一周の途中、**「ここだけは行きたい」**と
訪れたのは、
アルゼンチンとチリにまたがる大自然と、
それを見上げる、小さな自分だけの世界。
誰も助けてはくれないし、背中の荷物は全部必要なもの。
生きるために、何かにたどり着くために山を歩いた。

椎名誠の『パタゴニア あるいは風とタンポポの物語り』は、
父が好きでよく読ませてくれた。

本から受け取った冒険は、自分にとって憧れだった。
地球の果ての、風の大地。
紙の地図と標識だけを信じて進む山。
いつもは便利なはずの液晶パネルは、
ここでは何のためにもならない。

……でも、見れない便利が何にもならないことなんて、
僕は旅を始める前から知っていた。

世界中どこを旅していようと、
あの日を忘れたことはなかったから。

2011年3月11日

僕は、宮城県で高校生をしていた。
地震と津波は地元を襲い、何もかもを奪っていった。
ふるさとの大地と心には、未だに大きくその爪痕がある。

電気は１週間ほど止まっていただろうか。
家族や友人と連絡がとれなかった。
ガスも水道も止まり、ラジオから情報を得て、
湧き水を汲みにいき、アウトドア用品でお湯を沸かす。
続く余震、一向に戻らぬライフライン。

多くの人が亡くなった。
数じゃない、一人が亡くなった悲劇が本当にたくさん起きた。
全部なくなっても、生きるしかない。
生きるために、何の役にも立たなかったものを知った。
大きな自然に、ちっぽけな自分がどう立ち向かうのか考えた。

生き残ったからには、目の前の人を助けたくて、
自分にできることは何か、本気で向き合った。
どんな環境でも、生きなきゃいけない。
死んではいけない、生きなきゃいけないのだ、と。

たまたま生き残った僕は、
世界一周の旅に出て、自分の夢を叶えた。

長い旅路の中にはいつも、誰かの生活があった。
僕にとっての非日常は、
彼らの日常に混ざることだった。
その数だけ幸せがあった。
もちろん幸せなことばかりじゃないのだろう。
けれど、出会った人たちはみんな笑っていた。

そしてみんな、何かと闘っていた。

真っ赤に染まった靴を履いた少女

パタゴニアの大空を、大きな影が飛んでいく。
コンドルの瞳に僕らは映っているのだろうか。
ピーコックブルーの湖はどこまでも美しく、
きしむ氷河は、遠くでゆっくりと落ちていく。
雪崩はバリバリと音を立て、雷のように岩肌を削り、
猛烈な風はしぶきを高く上げている。

毎日20km近くの山道を、衣食住のすべてを背負って歩く。
その日はグレイ氷河を目指す日。
出会った一人の女の子は、道の脇に座り込んでいた。
彼女の靴は、真っ赤に染まっている。
どうやら靴ずれを起こしているようだ。
雑に巻かれた包帯をほどいてみると、あまりにも痛々しい。
「ここまでよく歩いたな」と思った。

耳が聴こえないのに、ここまで

拙い英語で話しかけても通じない。
ここはスペイン語圏。
覚えたてのスペイン語も通じなかった。

すると彼女は口をパクパクしながら、自分の耳を指さした。
なるほど彼女は耳が聴こえなかったのだ。
にもかかわらず、この過酷なパタゴニアを一人で歩き、
足が真っ赤になりながらも、ここまで来たのか。
人の強さを知った。
自分にできることはないか、頭を回した。

持っていた消毒液をかけ、ありったけの絆創膏を貼り、
僕は彼女の分のザックまで背負った。
彼女もなんとか立ち上がり、一緒に目的地へと進み出した。
荷物がなくなった彼女は、跳ねるように歩いていく。
よかった……応急処置がちょっとは効いたのかもしれない。

アラレちゃんのように駆けていった

僕らは、いろんな話をしながら歩いた。
手話はオレンジデイズの記憶くらいしかないが、
ちょっとはできた。
彼女はアルゼンチンから来たらしい。

稜線から世界を見下ろすと、
大きな湖のど真ん中を、船が一隻進んでいる。
この先に登りはもうほとんどなさそうだ。
すると彼女は、身体に似合わない大きな登山靴を脱ぎ、
ザックに手を伸ばし、サブの靴に履きかえた。
そして、登山靴を勢いよく稜線のはるか下へ投げ捨てようと
した……と思うと、途端にクルッと向きを変え、
そのまま、まっすぐアラレちゃんのように手を伸ばして、
山を駆け下りていった。

「この旅でいちばん感動した瞬間はいつでしたか？」
もしも誰かに聞かれたとしたら、間違いなくこの時だ。

4
INTERNACIONALES
Minutos antes de su discurso en el Gran
Plataforma Interreligiosa Cubana, Enrique
OPORTUNIDADES EN EL CAMINO
sobre una realidad que muchos aprecian en presente.
El cantautor Raúl Torres dice que Obama destacó varios ele-
mentos positivos de la realidad cubana, pero desconoció que
son fruto de la propia Revolución.
dinero.
NUESTRO PROPIO MODELO
“¡El futuro de Cuba tiene que estar en las manos del pueblo
LIGHT
Coca

嬉しかった。そして、思い出した。
あの日から、今も僕が生き続けている理由は……。

こうして誰かを助けたいから。
誰かが嬉しそうなことが、本当に幸せだからだ。

少女が見つけてくれた、僕のいちばん大切にしたい気持ち。

世界一周、それよりも前から始まった旅

「世界一周の感想をカッコいい一言で！」
友人から届いた最初のLINEは、僕をとても悩ませた。
毛布はぐしゃぐしゃになって足元を転がっているし、
モニターのイヤホンはごちゃごちゃに絡まっている。
日本に着陸した飛行機の窓の外で、夕日が空を染めてゆく。

世界一周、いやそれよりずっと前、あの日からしていた旅。
そこにあった、たくさんの情景を思い返した。

2019年３月11日はチリのサンディエゴにいた。
そして３.11は、チリでも起きていた。
大震災の津波が１万７千km離れたこの国まで届いていた。
犠牲者こそいなかったが、150軒の家が被害にあったそうだ。
今から60年ほど前には、チリの大地震の津波が日本に届き、
全国で142名の犠牲者を出した。

一生の酒のつまみになるだろうか

大変な人生だった。
経験しなくていいこともいっぱいあった。
ここ数年泣いていなかったのは、
ずいぶん前に涙を枯らすほど泣いたからだ。

自分のちっぽけさを思い知った。
でも、厄介なことの数だけ強くなれた。
だから、ここまで旅ができた。
そしてこの先もきっと、強く生きていけるはずだ。

出発前に友達が作ってくれた靴は、
小さな傷がたくさんついた。
ヨーロッパの石畳を、パタゴニアの大地を歩いてできた傷。
その数だけ、旅をしてきた証になった。
ずっと履いていたジーパンは、
ハワイの海で洗うと鮮やかな青色になった。
手首の革のブレスレットは、世界の色をのせて濃くなった。

この45日間を思い返して、懐かしい気分になって、
また世界に出たくなるだろう。
酒のつまみにして、この文章だっていつか読み返して、
「何言ってんだ」と笑うことだろう。

帰ったら、温泉に入ろう。
ラーメンを食べて、『キングダム』の続きが読みたい。
友達と乾杯をして、
またいつもの話で盛り上がろう。
そしてまた、山を登ろう。

ただ一度の人生、怖いのは？

もうすぐ成し遂げる世界一周のことよりも、
これからどう生きていこうか、と考える。
「世界一周したら人生満足するのかな」なんて思ってたら、
やりたいことが増えただけだった。

「世界一周の感想をカッコいいひと言で！」
カッコいいひと言を返すなら、
「旅人になって帰ってきたよ」って、
僕はこの画面に打ち込むのかもしれない。

ただ一度の人生、怖いのは、
死ぬことじゃなく退屈なこと。

世界一周は終わるけど、僕の旅は終わらない。
一生をかけて、僕はこの人生を旅しよう。

インド／一人旅

India

03

世界の広さより
自分のちっぽけさを
味わった旅

生まれて初めて人が燃えているのを見た日のこと

岩井美穂（20歳）／大学生

私が旅人になった日…それは

無力な自分を受け入れた日

村上春樹のスピーチを聞いて

人生で忘れられない授業がある。
高校3年生の冬、村上春樹のエルサレム文学賞の
受賞スピーチを英訳する授業があった。

“Between a high,solid wall and an egg that breaks against it,
I will always stand on the side of the egg...”

「もし硬くて高い壁と、そこに叩きつけられている卵があったなら、私は常に卵の側に立つ。そう、いかに壁が正しく卵が間違っていたとしても、私は卵の側に立ちます。何が正しくて何が間違っているのか、それはほかの誰かが決めなければならないことかもしれないし、おそらくは時間とか歴史といったものが決めるものでしょう。しかし、いかなる理由であれ、壁の側に立つような作家の作品にどのような価値があるのでしょうか」

この一節を今でもよく覚えている。
正しいと決めるのは、いつだって壁を作った側の人たちだ。
そして、まだ子どもである私は、
壁に叩きつけられればペシャリと割れてしまう無力な卵だ、
と感じたことも。
幼く未熟だった私は、ただ“卵にやさしい世界”を願った。

それを作るには何が必要で、どんなことをしたらいいのか。
あの頃の私は、いつもその答えを探すように旅をしていた。

普通でいることに精一杯だった

忘れられない授業と同じくらい、忘れられない旅がある。
20歳の春休み、初めての一人旅に出た。

旅先はインド。
大学の講義で、アジアの経済について学ぶ機会があった。
少子高齢化の日本とは反対に、
インドでは生産年齢人口が2040年にピークになる。
一方で貧富の差は広まるばかりだ、という話である。
「これかもしれない……」
村上春樹のスピーチが思い浮かんだ。
「発展に伴って、卵側の人々はどうなっていくのだろう」
「変わっていく姿を自分の目で見てみたい」と強く思った。

……と、それらしい理由もあるけれど、ただ単純に、
息苦しさから開放されたかった
だけなのかもしれない。
つまらない日々を過ごしていた
大学生活。
普通でいることに精一杯な
20歳の私。

卵にやさしい世界を望んでいるはずなのに、
願うだけで何も行動していない自分が嫌いだった。
誰かの役に立ちたくて、なのに誰にも必要とされていない
無力な自分を変えたくて、私はインドに行くことを決めた。

目的地はガンジス河が流れる町

旅の記憶には、匂いが焼きついている。

インドの空港に降り立ったときの異臭は、
日本では嗅いだことがないものだった。

目的地は、聖なる河ガンジスが流れる町バラナシ。
寝台列車に乗るため、首都デリーへ向かう。
外国人専用のチケットカウンターは、駅の２階にあるらしい。

デリーは本当にうるさい。
リキシャや客引きのウザさはどの街よりもインドらしい。
人も、ゴミも、同じくらい溢れかえっている。
ハエとクラクションの音が飛び交う。
だからというか、目的地には、なかなかたどり着けない。

キョロキョロしていると、
「チケットカウンターは閉まっているよ」と
大声で話しかけてくるインド人がいた。

すると、どこからかやって来たもう一人のインド人が
「休みなわけないだろ！」と怒りはじめた。
何やら喧嘩が始まったみたいだ。
「インドでは何でもありなのか……」

あとからわかったのだけれど、最初のインド人は、
私のような無知な観光客を高額な旅行代理店に連れていく、
詐欺の常習犯だった。
「助けてくれたんだね、ありがとう」
なんとかカウンターにたどり着き、手続きを済ませた。

死者を燃やして、河に流す

私が世界でいちばん好きな乗り物は、
ジェットコースターではなく、寝台列車だと思う。
ここではないどこかに行きたい私にとって、
横になっているだけで目的地まで運んでくれる乗り物は、
とても画期的だった。

窓から移り変わる景色を眺めながら、考える。
別れたばかりの恋人のことや、大学生活のこと、
この先どうやって生きて、どうやって死ぬのか。
15時間もある移動時間も、考えるには足りなくて、
結論が出るよりも早く目的地に着いた。

電車を降りてすぐリキシャを捕まえて、
ガイドブックに載っていた火葬場を目指した。
客引きはほかの観光地よりも少ないけれど、
ヒンドゥー教徒のパワーが、この町には集まっている。

バラナシのガンジス河沿いには、
死者を燃やして流す火葬場がいくつかある。
中でももっとも大きな火葬場“マニカルニカーガート”では、
その様子が見学できるらしい。

そこで私は、生まれて初めて、人が燃えている姿を見た。

死に方さえ、決して平等じゃない社会

死んでいた。
井の字に組まれた薪の中で、死体がメラメラと燃えていた。
パチパチという音を立て、焦げ臭い煙が空へとのぼる。
炎から飛び出した足だけが、人間の肌の色をしていた。
そして、燃え残った遺体と灰はガンジス河へと放り込まれる。

「ねぇ、どうして死体のまま流されちゃうか知ってる？」

となりにインド人の少年が立っていることに気づかなかった。
インドなまりの英語だ。私は聞き返した。
「Is that the rule?」（そういう決まりなんでしょう？）

「違うよ。本当はすべて燃えてから流すんだ。
だけど僕たちは貧しいから、薪を買うお金がなくて、
だから死体のまま流さなきゃいけないんだ」

衝撃だった。ここに運ばれてくる命に“平等”は存在しない。
死に方にさえ、差があるのか。
「だからさ、僕たちのために薪を買ってくれないかい？
これはチャリティなんだ」

「僕も幸せになりたい」

「遺灰をガンジス河に流すと、
輪廻転生の苦しみから解き放たれ、永遠の幸せが約束される」
と、ヒンドゥー教徒の間では言われているらしい。
「僕も幸せになりたいんだ」
力強い瞳で、少年はまっすぐに私を見る。

しどろもどろしている私を見かねて、
その時一緒にいた日本人の女の子が断ってくれた。
それでも少年は、物乞いのようにあとをつけてくる。
「チャリティ、チャリティ」

少年を振り払いながら、私たちはゲストハウスに帰った。

(TICKET)
№ 009956
20.000
KIPS
PRICE
TEL : (856-71) 212470, 212122
TRENA JENGGALA
Times : 07.00 PM.

「ねぇ、あれって本当だと思う?」

その夜。

「ねぇ、あれ本当だと思う?」

「本当って何が?」

何のことを聞かれているのかわからない。

「あの子の話よ」

「だから何が?」

「さっきの、薪を買うお金がないから、
死体の燃え残りを流すって話。
お金が欲しいから騙すために考えた嘘なんじゃない?」

「いや、嘘ってことはないでしょ。
だって、燃え残ってる死体も見たでしょ?」

「でもさ〜、インド人って何でもだまそうとしてくるしさ」

軽く口論になったけれど、
どっちつかずのまま話は終わってしまった。

翌日の昼、気晴らしにボートに乗った。

「300ルピー」と言われたが、100ルピーで手を打った。

漕いでくれたのは、河の向こう岸に住んでいるという少年。

「学校に行くお金もない。
お金がもらえるから働いている方がいい」と言う。

指にできていたマメが腫れあがっていて痛々しい。

「川下に向かって漕いで」とお願いした。

死体の代わりにタバコの燃え殻を流した

１時間の約束だったけれど、長く漕いでくれた気がする。
海外で吸うタバコは少しだけおいしい。
ボートの上に寝っ転がって吸うタバコが好きだった。

真っ青な空に、舞い上がるタバコの煙。
どこかの火葬場で燃えている死体の煙と入り混じって、
ゆっくりと空に消えていく。
「私がもしインド人に生まれていたら、
どんな死に方をしていたのだろう」なんてことを考えながら、
自分の死体の代わりに、タバコの燃え殻を河に流した。

目をつぶって、考える。
そして、考えても考えてもわからない。

もし昨日の少年が嘘をついていたとして。
もしも、村上春樹だったら。
“卵にやさしい世界”を望む私は、どうするべきだったのか。
一つだけわかったことは、私には、
火葬場で出会った少年の人生も、ボートを漕ぐ少年の人生も
変えることはできない、ということ。
生まれて初めて人が燃えているのを見た日、
世界の広さなんかじゃなくて、
私がちっぽけなんだと知った。

突然、精一杯生きなければと思った。
そして、与えられた命を燃やそう、と強く誓った。

間違いばかりに気づいてしまうよりも

インドを旅した日から5年。
あのとき出会った問いと答え合わせをするように、
遠回りをしながら私は日常を精一杯生きている。

嫌いな自分を否定して、正しい答えを求めて旅に出た、
幼かった私に言いたい。
「正解なんて知らなくていい」

私たちはいつも正解なんて知らないくせに、
間違っていることにはすぐに気づけてしまう生き物だ。
ささいな違和感の、
そのむず痒さの原因を狂ったように探してしまう。

けれど本当は、結局のところ私たちは、
自分自身の目をとおしてしか世界を捉えられない。
二つの黒い瞳が、賢い脳みそが、
あなたの世界を形作っている。

人生は最悪、楽しいから

だから。無力でちっぽけだとしても、
今いる小さな世界にどうか目を向けてみてほしい。
あのスピーチの卵のように、
愛を配りたい人がたくさんいることに気づけるから。

さあ、怖れずに、いってらっしゃい。
この世界には、叩きつけられて割れない卵なんてない。
でも、やがて羽を広げ、
自ら壁を越えていくことはできる。
無い物ねだりなんかしないで。
与えられたものだけ数えてみても、人生は最悪楽しい。

本当だから。

世界一周／一人旅
Around the world

国境を越えることが
特別では
なくなった旅

04

働きながら旅をする マチュピチュで うたた寝しながら考えた

伊佐知美（29歳）／ライター

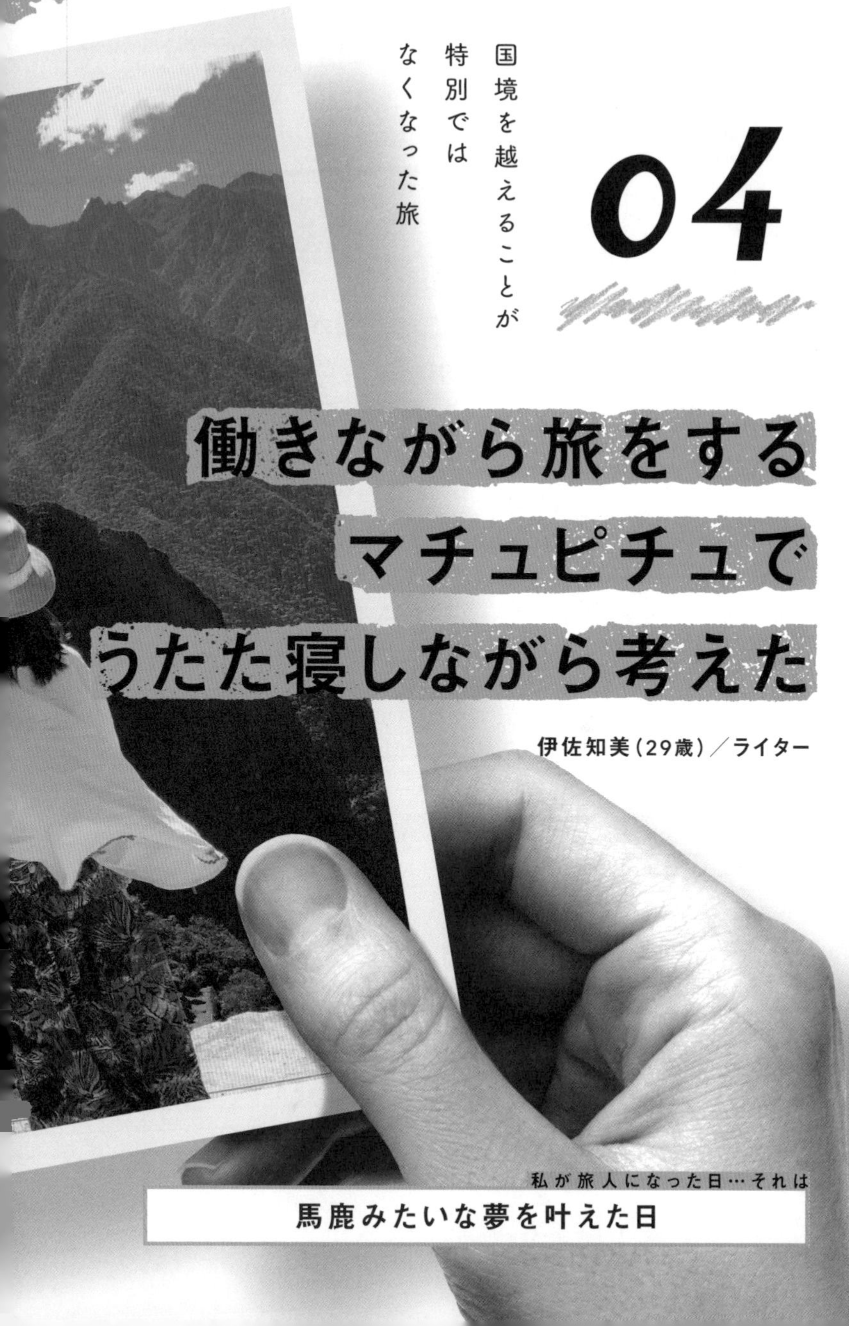

私が旅人になった日…それは

馬鹿みたいな夢を叶えた日

数百年前に作られた階段に座って

世界を気ままに散歩できる大人に、
ずっとずっとなりたかった。

ふわっと、私の体を通り抜ける風が吹く。
地球の裏側、ペルー・マチュピチュの丘の上。
日本を出て、ロサンゼルスの街を歩いて、
メキシコとキューバを経て、ここへ来た。
首都リマからクスコへ。
クスコからペルー・レイルに乗って、まだ山の奥へ。

遠かった。すごくすごく、遠かった。
日本からだと、30時間くらいかかるだろうか。
だからこそ、人生で一度は来てみたかった。
テレビで、雑誌で、SNSで。もう何度、目にしただろう。
夢の中と同じ形をしている。
けれど想像よりずっと広くて。
まるで本当に、ここは浮いているように見える……。

「どうしてこんな場所で、暮らそうと思ったんだろう？」
何百年も前にここで営まれていた毎日に、想いを馳せる。
その昔に誰かが作った階段に私は今、座っているらしい。
ごろりと寝転んだら、
マチュピチュ育ちの草と、目の高さが同じになった。

雲の流れる空を、吹く風の心地よさを、
心ゆくまで堪能していこうと考える。

少々のお金のことなんて気にしないで

頬に当たった葉先は、思いのほか柔らかく髪をなでていく。
風が向かった先には、マチュピチュが一望できる
ワイナピチュがそびえ立っていた。
あの山は、１日40人だけが登れるという特別な場所。
「今日は抽選に外れてしまったから当たったらまた来よう」
のんびり構え、全貌をじっくりと眺める。
この国を離れる日は、まだ決めていない。
とても気に入ったから、ゆったり滞在したいと思っている。

お金がかかるけれども（遺跡の入場料は5000円くらいする！）、
「知らないや」という気持ち。
いつまで滞在するかも、ぜんぜん問題じゃない。
だって私は今、こんなにも自由だ。
帰国する日は決まっていないし、帰るべき日の目安もない。
片道切符。
気が向いたり、季節がよかったり、
特別なお祭りがあったりしたら、次の町へと移ってゆく。
そしてまた写真を撮って、文章を書くのだ。
こんな大人に、ずっとずっとなりたかった。

マチュピチュでうたたねをしている間、
少しだけ過去を思い出す。

旅に出ると決めた理由は「年齢」だった

港区で、文京区で。
いつも同じ時間に起きて、同じ電車に乗って、
同じオフィスに通って、帰って。
「もしかしたら、１年後も３年後も５年後も10年後も？」
そんな毎日からどうにか抜け出したくて、
けれど決断しきれなかったあの頃。
日々の不満を誰かのせいにして、窓の外を眺めては、
ここではないどこかへ行きたいと考えていた。
そう、いつだって私は日常から逃げ出したかった。

旅に出ると決めたいちばん
大きな理由は、
たぶん“年齢”だった。
傍目では順風満帆に
見えていたであろう、29歳の誕生日。
勤め人で、既婚者だった。
でも30歳まで、あと１年しかない。私は一人、焦っていた。
あと365日、今までと同じだけの時間を過ごしたら、
人生にはもう二度と“20代”は戻ってこない。

定年後なんて来るのかもわからない

世界をこの目で、もっと見たい。
いくら映像を見ても、写真を眺めても、
たとえば、砂漠がどんな感じかなんて、わからない。
できれば極力、若いうちに世界を肌で感じたい。
「定年後に行ったら？」と言われたこともあるけれど、
それってはたして、おいしいの？
元気に生きているかなんて、誰にもわからないじゃないか。

家族を説得して、会社に退職の相談をして、
とにかく身の回りを整理して、
長い旅に出るために、と密かに貯めた200万円を握りしめ。

私は29歳で世界一周の旅に出ることを決心する。

知らない街に着いたら、まずすること

人生のバケットリストに名を連ねる旅先を、
端から塗りつぶしていくような旅の日々。
知らない街に着いたら、
まず最初にいちばん高い丘か塔に登りたくなったし、
人気のカフェがあると聞けば行きたくなった。
Airbnbという今や当たり前になったツールを使って、
現地のひとの家に入り込んで。

海の向こうにどんな景色があるか知りたかった。
夏のクロアチアの海は、曇った日のロンドンは、
原チャリで駆け抜けるミャンマーの遺跡と土の色は。
曲がったことがない角、聞いたことのない言葉。
国境を越えたにもかかわらず、無条件で向けられる笑顔たち。
世界各地でたくさんの人に助けてもらいながら、
私のカクカクしていた価値観の角は徐々に取れ、
自分の当たり前が、
誰かにとっては決して当たり前ではないことを学んでゆく。

「受けた恩を私に返そうとしないで」

「人に迷惑をかけてはいけない」
日本ではそれが正義のように言われることがあるけれど、
インドでは**「迷惑をかけてなんぼだ」**と言われていた。
「約束は必ず守りなさい」
母は言ったけれど、スペイン人は**「神のみぞ知る」**と言って、
13時きっかりになんて現れない。
ひったくりはダメだけど、ボッタクリは愛嬌のうち。
それに、スウェーデンで出会ったひとは、
青く輝く森と空の下で、笑いながら言ったのだ。
「私たちはまだ長い旅の途中。
日常だとトラブルってイライラするけれど、
旅だとそれも楽しいでしょう？
だから困ることってそんなにないの」

それって別に、日本に帰ってからも一緒じゃないか。
要は気持ちの持ちよう次第で。

世界は思ったより肩の力を抜いていた

たしかにiPhoneはパクられた。国際病院にだって駆け込んだ。
海を越えるフェリーに乗り遅れだってした。
ついでに、階段ですっころんで傷を作ったりもした（バカか）。
でも、それだけだ。

マレーシアで出会ったひとが、私に言った言葉。
「あなたが今受けた恩を、私に返そうとしないで。
その分は、次に出会う別のひとに返しなさい」
わかった私も、次のひとに愛を渡せるひとになる。

世界は、互いの常識を思いやりながら、肩の力を抜きながら、
そして想いを渡し合いながら、美しく巡っていた。
国境なんて年齢なんて肌の色なんて言葉なんて、関係ない。
知識ではなく、そう実感したとき、
私の世界はたしかに、すべて変わった。

「今まで、なんて小さく描いた世界に住んでいたんだろう」
国境を越えることが、飛行機に乗ることが、
どんどん身近になってゆく。
ただ、その昔に誰かが作ったラインを越えるだけ。

TOKYO
0052 Y 04APR01:20
4AK 0652

最高の一日の過ごし方だけ、考えて

エストニアに向かう船の上。
どこの国のひとか知らないけれど、
「うんうん」みたいな相槌を**「ヨゥヨゥ」**というひとがいて、
「ヘイヘイ」（スウェーデンの挨拶）やら
「モイモイ」（フィンランドの挨拶）が海の上に溢れていて、
陽気でなんだかおかしくなった。
そんなふうに、地球の上を、自由に弧を描きながら。

楽しかった。幸せだった。毎日泣きたいほどに美しかった。
今日はどこへ行こうかな、明日は何をしようかな。
その日をどう最高に過ごすのか、その一点しか考えなかった。
楽しい20代だった。
あぁ美しくて忙しい20代最後の旅だった。

頭の中で30年間、いやそれは言いすぎかもしれない、
けれどずっとずっと描いていた夢に、
私は一歩も二歩も近づいて、
毎日まいにち、今日もありがとうって思いながら過ごしてた。

ありがとう、旅に出させてくれたひとたち。
おもしろおかしく
見守ってくれたひとたち。

「日々感謝ですよ」とある人に伝えたら、
「まるでラッパーですね、日々感謝Yeah」と返された。

働きながら旅をする

はっと目が覚めて、マチュピチュのうたた寝から目を覚ます。

眠気覚ましに、マチュピチュ村の温泉にでも、入ろうか。
次にどこの国へ行くのかは、私だってまだ知らない。
し、みんなだってもちろん知らない。
旅人というのは、きっとそういうものだ。

私が追い求めたかったのは、場所を問わずに仕事ができる、
ライターやカメラマンという仕事だったり、
旅先で受けたインスピレーションを、たとえば洋服や
アクセサリーに落とし込む、モノづくりの仕事だった。
そんなことができるのか、やれるのか、
膨大なコストと時間をかけてでも、やるべきものなのか。

でも、どうしてもそれをやりたかった。
だってそれが人生でいちばん
やりたいことだったから。
素敵な家に住む、おしゃれな格好をする、
流行を追いかける、

あったかいごはんを恋人と食べる、
どれも私は大好きだけれど。
でも、うっすいワンピースとやっすいサンダルを履いて、
今日も明日も、気が向くままに地球儀を回す、
そんな日々が過ごしたかった。

「世界一周なんて、大学生みたいだね」

どうして、ずっと決められなかったんだろう？
なんか、単純に、怖かったのだ。

やったことがないことに挑戦すること。
今まで築いてきたものを、全部捨てるべき、みたいな感覚。
キャリアを止めたらあとで困る、なんて噂も聞くし、
先輩も上司も大学の友達も、
「世界一周なんて、大学生みたいだね」って
ちょっと困ったように笑っていた。

私だって、**「馬鹿みたいな夢だね」**って笑いたい。

でも、何をどう考えても、何晩眠って起きてみても、
私が人生でやりたいことのいちばんは、
世界をこの目で見てくる、で変わらなかった。

場所や時間、そして過去にとらわれずに

フィンランドで出会ったドイツ人の女性が、
夕陽の中で語っていた。
**「これからもっと、場所や時間にとらわれずに働きたいと
願うひとが増えると思う。
事実、ドイツでは本当に増えていて、私だって、
それを願ってここにいるのよ」**

私もそう思ってここへ来た。
「月曜日が早く過ぎ去って、早く週末になればいい」と
祈っていたあの頃の自分が嫌で。

旅に出るために必要なことは

旅は、暮らしの延長線上に、たしかにあった。
都内のオフィスにいても、その指先１本でスマホを繰れば、
すぐにそのまま日本を出て、北米にたどり着いちゃって、
そのまま地球の裏側までも到達できる。
旅に出るのに必要なのは、時間を用意してあげること。
それから、最初の晩の宿を到着する空港の近くに取って、
パスポートを持って、少しのお金とカードさえ携えれば。
私たちは、どこへでも行ける。

駆け抜けるように旅した世界一周は、
知らない音に囲まれていたし、でもチェーン店に入ったら、
どの国でも同じヒットチャートが流れていた。
世界は違うところもたくさんあるし、
同じこともたくさんあった。
変わらないのは私が私だというだけで、その私だって、
今からでもいくらでも変わることができるのだ。

いつだって、今がいちばん若いのだ

小学校６年生が春を迎えたら中学校１年生に上がって、
高校２年生が３年生になるみたいに、
就職したらいつか長い旅に出られる、なんてシステムは、
どうやら世の中には存在しない。
でも、一歩踏み出したら新しい世界が拓けることを、
人生は途中で方向転換をしてもきちんと続いてくれることを、
私はもう知ったから。

風が運ぶ気分と、偶然の出会いに体と心をそぐわせる。
これからも、できたらそんなふうに、生きていけたら。
いえ、そうやって生きていくと、決めている。

人生はいつだって、今がいちばん若いのだ。

アメリカ／会社の仕事
U.S.A
THE LION KING
SKECHERS
OAKLEY
FROZEN
LINDSAY LOHAN'S

どんな困難も
なんとかなる
マインドを得た旅

05

ニューヨークで「今から野宿ね」

野田クラクションベベー（21歳）／大学生

僕が旅人になった日…それは

社長の無茶振りを断れなかった日

旅に出た理由は「会社の無茶振り」

僕が旅に出た理由は、会社のミッションでした。

東京生まれ東京育ち、何不自由ない暮らし。
それがいきなり、“アメリカを横断しながら野宿”することになったのです。

会社というのは、大学４年生の頃にインターシップでお世話になった株式会社LIG。
ウェブ制作を軸にしながら、いろんなことをやっています。
自分がLIGを知ったのは、バイト先のお客さんから
「なぜ売り上げを使い切ったらダメなの？
会社の経費でハワイに行ってきた」
というウェブ記事を教えてもらったからでした。

記事のタイトルからあふれる意味のわからなさ……。
読んでみると、一人の男性社員がハワイに行って、
絵を描いたり、夕日を眺めたりしていました。
「何これ？ HP作る会社じゃないの……どうなってんの？」
という興味心のみで、はじめは応募したのです。

「気合があるのはいいけど、
うちは何かしらのスキルがないと雇うのは難しいかな」

面接官の相手は、ツベルクリン良平と吉原ゴウ
という、名前にえげつないインパクトがある二人でした。
しかも、吉原ゴウの方は社長でした。
「君は何ができるの？」と質問をされて、
僕は、**「特にできることはないですが、何でもやります！
野球やってたので、無茶ぶりとか耐えれます！」**と答えました。
今考えるとなかなか意味がわからないですね。

小学校から大学までやらせてもらった野球は、
面接で**「気合あります！ 無茶振りとか耐えられます！」**
と言うためだけにやっていたのかと思うと、
親に申し訳ない気持ちでいっぱいになりました。

「本当に、なんでもやるんだね？」

しかし、その言葉が響いたのでしょうか。
**「なんでもやるんだね？ LIGとして雇用するのは難しいけど、
俺の弟子ってかたちならいいよ」**と言われました。

“弟子”という言葉に不安を感じましたが、
考えてみたら芸人さんとか落語家さんとか、
笑いを提供する人はみんな弟子をやっているし、
かっこいいからやってみようと思ったのです。
それに、何でもやるといっても、お茶くみとか買い出しとか、
そういう感じだろうな……。

「名前を変えよう。今日から"べべ"ね」

全然違いました。

・「名前を変えよう。お前、今日から『べべ』ね」
・「アナ雪の『Let It Go』を毎日歌ってYouTubeにあげよう」
・「自画像を毎日描こう」
・「壁の写真を撮って300文字以内でブログを書こう」

など、むちゃくちゃな課題ばかり。
そしてついには、**「べべ、アメリカ横断するよ」**と
言われたのです。
これはかなり急な展開でした。
ただ、**「会社の企画でアメリカに行けるのはラッキーだ」**と、
心をウキウキさせて、社長と一緒にアメリカへ向かいました。

スタート地点は、東海岸のニューヨーク。
ゴールは、西海岸のサンフランシスコです。

旅に出る理由は一応、とある携帯ゲームのPRでした。
アメリカを横断しながら、土地土地で写真を撮り、
ブログを書き、Twitterで発信していく。
それに、ユーザーから毎日課せられるミッションを
クリアしないとごはんが食べられない、というおまけつき。
ガチで何も食べられません。

「おまえは野宿な。あと、死なないでね」

ひとまずブルックリン地区に宿をとり、
荷物を置いて一息ついていると、社長から言われました。
「おまえは野宿な」
何を言ってるんだろう、この人は。
「またまた〜！ ここアメリカですよ！ 冗談よしてくださいよ〜」
笑いながら言ったら、**「マジだから」**と返ってきました。

「べべ、今から俺は撮影の段取りとか組むから、
３日後ここに集合ね。
ルールとしては、宿に泊まっちゃいけない。
仲良くなった人の家に泊めてもらうとかそういうのはOK。
あと、死なないでね」

野球部だったので、目上の方に反発することなどない
人生でしたが、このときばかりは
「え？ 嫌です。意味わかんないです」と言い返しました。

すると、社長は言いました。
**「いや、大学生で、経費でアメリカまで来させてもらって、
ホテルも普通に泊まったら、将来不安になる。
逆に、ホテルに泊まって何するの？」**
僕は、**「もういいや……！」**と、
ふてくされ気味に宿を出ていきました。

「アメリカ 野宿 オススメ」と検索しても

「ブルックリンは東京でいう浅草のような場所だ」と
聞いていました。

……全然違いました。
映画で見たことあるど派手な旧車に乗ったイカツイお兄さん、
目の焦点が全然合っていないおじさんは、
何かを叫びながら歩いていました。

「まじでやべぇ……」
一旦、心を落ち着かせるために都心部を目指すことに。
「とりあえずピカピカ光っている場所なら安全かな？」と
思ったので、タイムズスクエアへ移動しました。

スタバのWi-Fiを頼りに**「アメリカ 野宿 オススメ」**とか
「アメリカ 宿 ない」みたいな感じで調べてみましたが、
有益な情報は一切出てきません。

その日は雨も降っていたので、
せめて屋根がある場所を探しましたが、
めぼしい場所はすでに地元のホームレスの方々でいっぱいで、
寝ることはできませんでした。

しょうがないのでマクドナルドで寝ることを試みるも、
すでに、そこには先人たちの戦いの跡がありました。
壁に大きく張り出された**「NO SLEEP」**という張り紙です。
店員さんもめちゃくちゃ監視をしていて、
とてもじゃないけど寝れそうにありませんでした。

たどり着いたのは24時間営業のメトロ

最終的にたどり着いたのは、
「地下鉄に揺られながら眠る」という手段でした。

ニューヨークの地下鉄は、24時間やっています。
めちゃくちゃ治安が悪そうで不安でしたが、
貴重品を身体で守りながら、意外と眠ることができました。
人間、追い込まれるとなんとかなるものですね。
目が覚めると、自由の女神が見える駅に着いていました。
地上へ出ると差し込む太陽。
明るいというだけで減る恐怖心。

そこで思ったのは、
**「人間は疲れたらなんだかんだ眠るし、睡眠まじ大事、
床は案外冷たくて気持ちいい」**ということでした。
最初は不安な気持ちでいっぱいだったはずなのに、
なんだかワクワクしている自分がそこにいて、
いつの間にか“旅”をしている感覚を強く持ちはじめました。

「おまえ全然過酷そうじゃないじゃん」

心に余裕ができてきたので町をブラブラしながら
コーヒーを飲んだり、洋服屋さんを見たり、
わりとニューヨークを楽しみはじめました。
VANSが好きだったので、
ショップで靴を買いました。
そうやって浮かれているところで、
社長にバッタリ出会い、言われました。

社長**「おまえ全然過酷そうじゃないじゃん」**
べべ**「いや、超過酷でしたよ。昨日は地下鉄で寝てたんですよ！」**
社長**「あーそうなったか。どんな感じで寝るところ探した？」**
べべ**「雨が降っていたので、屋根を探しました」**
社長**「あー屋根か！ 屋根いいよね！」**
べべ**「屋根いいっす」**
とかいう会話で、自分が完全に旅人のマインドに
なっていることを実感しました。

警官「Hey Passport Please.」

しかし、旅の洗礼はそのあとに起こりました。
社長と別れ、売店に寄って、
アメリカっぽいビールを買い路上で飲んでいると……。

「プゥゥゥ〜!!」突然鳴り出すサイレン音。
バタンッ!!**「Hey Passport Please.」**

警官にいきなり言われました。
何のことかわかりませんでしたが、
とにかく街中でお酒を飲んではいけないっぽいのです。
日本のノリで浮かれていた自分が馬鹿でした。
赤い紙を渡され、**「裁判所へ行きなさい！」**的なことを言われ、
警官はその場から消え去っていきました。
「これ、シカトしたら捕まって日本に帰れないのでは？」
という恐怖心が芽生えて、一気に脇汗が吹き出してきました。

ニューヨークで捕まった。
しかも、明日には社長たちと集合してロケが始まる……。
これは詰んだ。
赤紙には**「罰金を払え」**との忠告が書いてありましたが、
どうすればいいのかわかりませんでした。
周りの人に聞いてみると、
「ここに電話するといい」と言われました。

「はい！ もしもしどうされましたか？」

……!! なんと、日本人の声がします。

電話番号は、緊急時のカスタマーセンター的なやつでした。

そこで今、赤裸々に起きた出来事を話すと、

なんとかこの一件を解決することができました。

どんな困難も「なんとかできる」

「あれ？ 社長に頼らずとも、

なんとか自分の力で乗り越えられてるじゃんか」

アメリカ横断の日々はトラブルの連続でしたが、

どんなに困難なことがあっても、

「なんとかする」ということを学びました。

そんなことして何の意味があるの？
と思われるかもしれませんが、
世の中なんてなんだかよくわからないことがほとんどで、
そういう時に、自分の力でなんとか乗り越えるということが
めちゃくちゃ大事なんだと思ったのです。

「べべ、今から逆走するのはどう?」

実は、ニューヨークで一度捕まったことは、
サンフランシスコに着くまで社長に言えていませんでした。

旅も無事に終了した時点で、ようやく打ち明けたのです。

すると、社長はこう言いました。
「そうなんだ。じゃあさぁ、今までの道のりを逆走して、
ゴールはニューヨークで、そこで謝るってのはどう？
横断した人はいるけど逆走はいないから、おもしろいじゃん」

その時は、大きめの声で、
「嫌です！ 帰りたいです！」と言いましたが、
今思えば、やっておけばよかったと少し後悔しています。

こうして帰国後も社長の無茶振りをこなしつつ、
自分のレベルを上げていき、
晴れて僕は新卒採用としてLIGに就職することができました。

「日本中にライフイズグッド届けて」

「よし！ これからはどんな仕事をやるのかな！」
意気揚々としていたのですが、また社長から言われました。

「べべ、東京いてもやることないし、
全国回って、“ライフイズグッド”を届けてきなよ」

具体的には、**「1日300円、軽自動車で日本一周しながら、**
ブログ書いたり、スピーカー売ったりしてきて」です。

アメリカに行ってなかったら発狂していたかもしれませんが、
「あ、わかりましたー！」とノリで答えられたのは、
人間力が上がったからとしか考えられません。人ってすごい。

あと、親すらも、アメリカ横断のときは
会社のことを疑っていたんですが、日本一周の時は、
「また、いい経験させてもらえるんだね。がんばってきなよ」
みたいなマインドになっていて、
ある意味**「社長すげぇ……」**ってなりました。

「お遍路って痩せイベントあるよ」

旅中、日本の人はいい人ばかりなので、
美味しいごはんをたくさん分け与えてくれました。
おかげさまで、１日300円しか使えない旅なのに、
10kgくらい太ってしまいました。

それを見た社長が**「なんで太ってんだよ、今どこにいるの？」**
と言ってきたので、「四国にいますよ！」と答えたところ、
「四国でお遍路っていう痩せられるイベントあるらしいよ」
と言われ、そのまま1400km歩くことになりました。

しかも、まったく知らない新弟子と、というオマケつきで。

やりたいことって、旅のあとに見つかる

そして今、僕は長野で**「The Sauna」**という、
アウトドアで楽しむサウナ施設を作り、運営しています。

お遍路で水風呂の良さを知り、
日本一周の最中もいろんな温浴施設に行き、
一日の疲れを癒やすことを覚えました。

「サウナを仕事にしたい」
これまでは、社長に言われたことをこなす日々でしたが、
初めて自分からやりたいことを見つけたのです。

アメリカ横断で身につけた**「なんとかする力」**、
日本一周で生まれた**「人間関係」**、
お遍路で見つけることができた**「やりたいこと」**。
その時初めて、
アメリカ横断、日本一周、お遍路、"旅"の経験がすべて
役に立っていることに気づかされました。

自分の「NG項目」を減らそう

社長のやりとりは、“プロレス”なんだろうな〜と思います。

ラリアットみたいな無茶振りがきたら、
一歩引いて、その攻撃を受け止めないといけない。
そうじゃないと暴力になって、問題になって、
会社潰れちゃうじゃないですか。
でも最近は、パワハラとか厳しい時代になってきたので、
社長からのラリアットも減ってきましたね。
逆に言うと、ラリアットされなくても、
アクションを自分でできるようになってきたのかな……と
思うようにしておきます。

無駄なように思えることも、
自分の中にいつか使えるスキルとして残っているものです。
「自分には何もないけど何かおもしろいことをしたい」なら、
NG項目を減らして愚直に目の前のことにチャレンジする。
もし、それが嫌なら違う仕事をすればいい。
職業選択が自由な時代に無理する必要はありません。

ここまで、いろいろと話してきたわけですが、
自分がしてきた“旅”はほとんどが会社の企画ばかり。
ほかの人のように、
早く自由気ままに“一人旅”をしてみたいです。

France-Spain

自分の生きる速度を知った旅

06

Buen Camino!（よき旅を！）800kmを歩く巡礼の旅

益田奈央（25歳）／会社員

私が旅人になった日…それは

逃げてばかりの足を前に向けた日

巡礼という旅との出会い

ふてくされながら、京都駅近くのベンチで本を読んでいた。
たまたま買った文庫本。
普段あまり本を読まない方だけれど、その本に限っては
おもしろいほどページが進み、数時間で読み終えてしまった。

タイトルは『傷口から人生。』
著者の小野美由紀さんの半生とスペイン巡礼の記録。
小野さんは大学生の頃、就活に失敗したのち、巡礼に出る。
スペインの北部を東から西へと約800km歩き、
聖地サンティアゴ・デ・コンポステーラを目指すものだ。
いわば、スペイン版お遍路。
そこで彼女はたくさんの“歩く人”と出会い、
自身が抱える人生の問題と真正面から向き合っていく。
彼女の、人生論というか、ひたむきな生き方に衝撃を受けた。
同時に、**「私もいつか」**と強く思った。

22歳。

新卒で入社した会社をほんの１か月で辞めた日のことだった。

就活の波に、うまく乗ることができなかった。

皆、同じスーツを着て、同じように髪をぴっちりとまとめ、

最大限に丁寧な話し方で、まっとうな言葉を述べる。

無意味なもの、楽しかっただけの思い出は語ってはならず、

「そこで得たものは？」と結果を求められる。

自分の中に何か“芽生え”があっただけでは、ダメだ。

そんなのキャッチーではない。

誰だって、“いい自分”をプロデュースして、演出している。

でも、私にはそれがどうしてもできなかった。

大学生活でやっと手に入れた自由の翼をもがれる気分だった。

「やっと飛びはじめたのに」

会社を1か月で辞めた落ちこぼれ

中途半端な気持ちのまま、唯一内定を得た会社に

わずかな希望をもって入社した。

決められたエリア内で一軒ずつインターホンを押す、

飛び込み営業。

商談中は、ボイスレコーダーをオンにしなければならない。

常に監視の目が光る。

成績が奮わないと皆の前、ものすごい剣幕で上司に叱られる。

案の定、5月の連休明けに退職届を提出した。
自分自身に**「新卒で入った会社を1か月で辞めた落ちこぼれ」**
というレッテルを貼りつけた。

社会のスピードについていけなかった

それからは自堕落な生活を送った。

朝方まで起きていて、昼過ぎまで眠る。
ちょっとでも運動しないと眠れないので、
夜になると近所を1時間ほど散歩する。
いわゆる徘徊である。
涼しい夜風に吹かれながら歩いていると、
頭が**「ふっ」**とからっぽになる瞬間がある。
日中、うんうん悩んでいることから少しだけ、
離れることができた。
当時の私にとって、歩くことが唯一の気分転換だった。

無一文になりかけた年明け、
運よく事務職で再就職の目途が立った。
しかし、待ち受けていたのは膨大な仕事量だった。

アナログな会社で、日々デスクに溜まってゆく書類。
残業代は出ないけれど、
明らかに、残らないと絶対に終わらない業務。

「事務もダメなのか……」
社会のスピードについていけない自分を
だんだんと嫌いになっていく。
垢のようにコンプレックスが溜まっていく。
２年弱、限界になるまで働いて、また逃げ出した。

「私、ずっとこのままなのかな？」

それでも人生を諦めきれなかった

「自分の人生のペースが、社会と合うのかどうか、
分からないこと。
こぼれおちてしまった今が、不安でたまらないこと。
これからなんとか人生を立て直したいけれど、
どうしたらいいのか、全く分からないこと。」

小野美由紀さんの本をめくると、こんな言葉が並んでいた。
まるで、今の私と同じじゃないか。

巡礼は、一縷の望みだった。
どうにもならない今の自分を、どうにかしたい。
そんな人生に対する諦めきれなさが、
私の心を、脳を、足を動かした。
真夜中に**「ええい！」**とチケットを予約し、
飛行機に飛び乗った。

「Take your time.」（ゆっくりね）

「本当に、大丈夫だろうか？」
歩くことは好きだったけれど、体育の成績は散々だった。
いわゆる運動音痴だ。

飛行機は、12時間かけてフランスのパリに着陸した。
さらに夜行バスを乗り継ぎ12時間。
巡礼の出発地点には、
クレデンシャルという巡礼手帳をもらう事務所がある。
並んでいる巡礼者たちは、皆そわそわしている。
まだ誰も知り合いではない。
70代くらいの男性は初めての巡礼に興奮しきり、
「これからすばらしい日々がはじまるんだ！」と
周りの人に話しかけまくっていた。
記念写真を撮ってくれと渡されたカメラ、

ファインダーの向こうの空は青く澄んでいた。

ここからピレネー山脈を越え、スペインへ。
つまり、自らの足で国境を越えるのだが、
登山など未経験の私にとって、最初で最大の不安だった。

宿のキッチンで声をかけてくれたアジア人男性に
不安を話すと、やわらかな声色で、
「Take your time.(ゆっくりね)」と言ってくれた。
誰かのたった一言で、人は勇気を持てる。

「Buen Camino!(よき旅を!)」

翌朝、目を覚ますとほかの巡礼者はすでに出発していた。

荷物を詰めるのにモタモタしていると、となりのベッドに、
一人だけ同じようにモタモタしている人がいた。
前日に軽く挨拶した、おとなしそうなカールヘアの女の子。
目が合い、特に誘い合ったわけではないが、
なんとなく一緒に出発することになった。
カナダから来た、カトリーヌ。
「何か自分一人きりでやってみたかったの」
彼女は大学院を出てすぐ、仕事に就く前にここに来たという。

「Buen Camino!（よき旅を！）」

誰かに追い抜かれる時、自分が誰かを追い抜く時、
道で別れる時。
巡礼者たちの共通の挨拶だ。
最初は慣れなくて照れくさかったが、
国籍を問わず通じる言葉はいいものだ。

旅の間、何度も何度もこの言葉を耳にし、口にした。

自分らしく歩こう

巡礼の日々はシンプルだ。

朝起きて、荷物をまとめる。
朝食をとり、足の指の間に豆予防のワセリンを塗り込む。
靴ひもを結んで出発する。
道中のバルで昼食をとる。再び、歩き出す。
目的の町に着いたら宿を選んで、
シャワーを浴び、衣服を手洗いして、干す。
近くの教会を見にいったり、昼寝をしたりのんびりし、
夕食をとり、翌日のプランを練る。
21時か22時には眠る。

２週間ほど経つと、だんだんと自分のことがわかってきた。
大きな街よりも、小さな村が好きなこと。
近代的な宿より、こぢんまりとした素朴な宿が落ち着くこと。
そして何より、私は何をするにも時間がかかること。

まず、出かける準備。
寝袋を畳んだり、登山靴のひもを結んだりするのに
いちいち時間がかかる。
歩くのも遅い。
巡礼者は一日平均20～30kmは歩く。
体の大きい男性なら40～50km。

22 ENE.
CAMINO
PROPIO RIESGO
Grey cardinals
MA-1015-06
Lástima que sólo produzcan el oxigeno que respiramos y regulen el clima del planeta.
WHAT YOU THINK OF YOURSELF IS MORE IMPORTANT THAN WHAT OTHERS THINK OF YOU
POSTAL ADRESS:
ALBERGUE PIEROS
CALLE EL POZO
2454
LEON

私はというと、朝８頃からのろのろと歩き出し、
16時頃に目的の町へ着く。
それでだいたい15 ～ 20kmくらい。
歩くこと自体は好きだったが、なにせ持久力に欠ける。
でも、せっかく自分と速さが合わない仕事をやめて、
日本から遠く離れた場所に来ているのだ。
誰に文句も言われないし、休んでいても怒られはしない。
それなら、自分のペースで歩こうと思った。

一歩踏み出すたびに、強くなれた

巡礼仲間も何人かできた。
本には**「歩くペースが似た者同士、仲良くなる」**とあったが、
その通りだ。
“歩く人”はさまざま。
新婚旅行中の夫婦。息子の卒業祝いで来た父子。
仕事に病んでしまい退職し、世界一周旅行中の青年。
いちばん驚いたのが、おなかが丸く膨らんだ妊婦だった。
一人ひとりに、歩く理由があった。

カトリーヌとはほぼ毎日会って別れては、また再会した。
色白の彼女が会うたびに日焼けして、
ショートパンツから覗く脚が
どんどん小麦色になっていくのが可笑しかった。
（日焼け＝旅人の証でイケているらしい。私にはマネできない）

ある日、彼女が言った。
「私たち、絶対に強くなってるはずよ」

なんだか嬉しかった。
足を一歩ずつ踏み出すことで、強くなれる。
自信がついてくる。
日本にいた時には生まれもしなかった感情だった。

一人旅はひとり?

「なんか痛いな……」ある日、身体に異変があった。
胃がきゅーっと痛むのだ。
少し休んでいこうと宿の前のベンチに腰掛けてみたが、
痛みは治まらない……参った。
まだ目的の町ではないけれど、今日はここに泊まろう。

夕食の時間になっても胃は元には戻らない。
仕方なく、宿の主人に
「脂っこいもの食べられないんだけど、何かほかにある？」
と聞いてみた。(スペイン料理は割と脂っこいものが多い)
主人はニヤリと微笑み、
「ごはんを炊いてあげようか？」と言った。
出てきたのは、平たいお皿にこんもりと盛られた、
炊き立てほかほかの白米。
懐かしいごはんの味は、全身に染みわたった。

主人の機転とやさしさに、涙がこぼれ落ちそうだった。
たった一人での旅は、孤独かもしれない。
でも、いつもそばには
手を差し伸べてくれる誰かがいる。

自分の心の中にある捨てたいもの

長かった旅も後半に差しかかっていた。

巡礼27日目。
今日は、巡礼者にとって特別な意味を持つ場所を通る。
その場所は巡礼路でもっとも標高の高い場所で、
てっぺんには十字架が掲げられている。
その傍らには、巡礼者たちが置いていった石が積まれ、
山のようになっている。
みんなここで、自分の心の中の捨てたいものを
石とともに手放すそうだ。

現地でその風習を知り、**「何を捨てようかな」**と
考えながらここまで歩いてきたが、
私はどうしても見つけられなかった。
結局、私は山にそっと石だけを置き、
「どうか最後まで自分らしく歩けますように」と祈り、
宿のある町に向かった。

私の肌になじむ町

その日の目的地だったモリナセカという町は、
どこかレトロであたたかな雰囲気だった。
橋を渡っていると、
地元の人が気持ちよさそうに川を泳いでいるのが見えた。
夕食は川のそばのレストランでとることにした。
時刻は20時、空はまだ明るい。
この町のどこか懐かしい空気は、私の肌に不思議となじみ、
魔法にかかったように気持ちが穏やかになっていく。
川沿いのベンチで日記を書きながら、
私はいつの間にか巡礼の日々を振り返っていた。

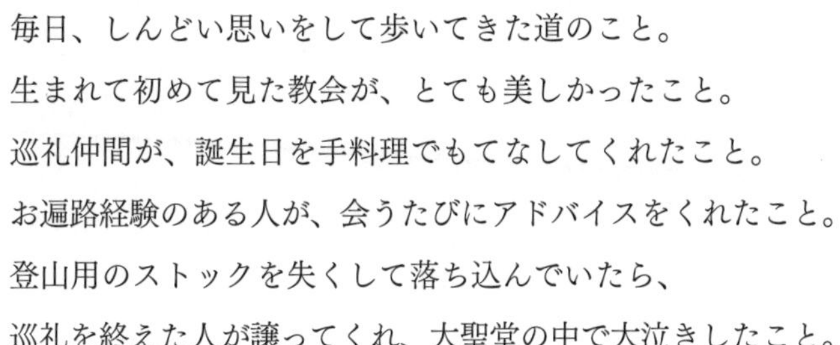

毎日、しんどい思いをして歩いてきた道のこと。
生まれて初めて見た教会が、とても美しかったこと。
巡礼仲間が、誕生日を手料理でもてなしてくれたこと。
お遍路経験のある人が、会うたびにアドバイスをくれたこと。
登山用のストックを失くして落ち込んでいたら、
巡礼を終えた人が譲ってくれ、大聖堂の中で大泣きしたこと。

さらに、記憶をさかのぼる。
巡礼前。
自分が気に入らなくて、いつまで経っても育たない芽を
「じいっ」と睨んでいた、あの頃。

自分に自信が持てない、他人を過剰に羨む、
うまく社会に馴染めない、何をするにも時間がかかる……。

しかし、今の私を形づくるものは、
紛れもなくこれらの欠点だと気がついた。
それを捨てることは不可能で、
また、捨てる必要がないことにも。

私は変化していた。

「捨てなくてもいい、
むしろ捨ててはいけないのではないか」と。

今のままの自分でも傍にいてくれたり、
助けてくれる人がいる。

“変われない”ことは、
“変わらなくていいこと”だったのかもしれない。
「自分らしく歩こう」という言葉は、
心の中でじわじわと発酵し、
いつのまにか**「自分らしい人生にしよう」**という
ひらめきに変わっていた。

よし、明日も元気に歩こう。
それまでとは少し違う軽い足取りで、私は歩き出した。

巡礼の終わり、何かのはじまり

巡礼34日目。
終着点、サンティアゴ・デ・コンポステーラまであと５km。

時刻は14時。
スペインの太陽にじりじりと地面が焼かれ、汗が流れる。
休憩所で出会ったイタリア人が話しかけてくれた。

「サンティアゴはただの通過点にすぎないよ。
大事なのはそこからだ。そこから君の芽を育てるんだ」

私はその時点で巡礼を終えていたように思う。
なぜならすでに、歩き続けた日々そのものがあたたかく、
誰にも盗まれることのない、
心の中の宝物になっていたからだ。

聖地への道はそれまでの砂地や草原とは違い、
だんだんと町の様相を帯びてきた。
石畳のかたさが足の裏から伝わり、背筋が伸びる。
バグパイプの音が高らかに響くアーチをくぐり、
広場に出る。

想像していたよりもずっと大きな大聖堂が、
どっしりとそこにあった。

それぞれが、それぞれのやり方で巡礼の終わりを迎えていた。

涙を流したり、仲間と記念写真を撮っていたり。
私はというと、ハグする人々を横目に、
首を上げて、広大な青空に佇む大聖堂を仰いだ。

やっと終わった……。
私は涙を流すことも、その場にへたりこむこともなかった。
ただ、ここまで無事に導いてくれた
遠い昔からの先人たちに深く、感謝した。

人間には生まれ持った速度がある

歩く、というシンプルな行為がもたらしてくれたものは、
自分の歩く速さは変えられない、という大きな発見だった。

どんなに速く歩きたくても、自分のペースは変えられない。
しかし、それは悲しいことではなく、不幸でもない。
人間には、生まれ持った"速度"のようなものがある。

そして、自分の足で歩く旅に正解・不正解はない。
どの道を通っても、どこを歩いても、どこに泊まっても、
誰と過ごしても、そこここに出会いがあるのだ。
その一つひとつに意味があり、
もし間違いを選んだ（とその時は思った）としても、
そこにはまた新たに道が拡がってゆく。

人生もきっと、同じだ。

歩きながら見つけたそのアイデアは、
今も心のどこかでやんわりと明かりを灯し、
私の背中を押してくれている。

あの日、勇気を出して歩き出した自分自身を、
私は少しだけ好きになれた気がした。

アイスランド／一人旅

Iceland

いつかまた
励まされる光景に
出会えた旅

07

泣き出しそうなほど美しい青と白と灰色の世界

スガイユキ（21歳）／大学生

私が旅人になった日…それは

初めて海の向こうに行った日

空港を出ると雪が積もっていた

空港から外に出ると、地面はとけた雪で湿っていた。
深呼吸をすると、
冷えた空気が眠気を覚ますように体に染みていく。
道路の端には雪の塊が何個か落ちていて、
足で**「ザクザク」**と音を立てながら、その上を歩いた。

春になりかけの季節に、
私はヨーロッパの西端・アイスランドに来ていた。
生まれて初めての海外だというのに、
なんだかとても穏やかな気持ち。
まるで、以前にもこの地に来たことがあるような、
そんな不思議な感覚がした。

濡れた地面に滑らないよう気をつけてバスに乗り込み、
ホテルまで向かう。
街の灯りが遠くの方にあるのが見えた。
深夜、真っ暗な道を走るバスの中は、
運転席にだけ明かりが灯っている。
乗客の座る席は真っ暗だ。
車内はとても静かで、寝ている人がほとんどだった。
私はというと、飛行機で寝ていたためか、
はたまたアイスランドにたどり着いた高揚からか、
目が冴えてしまっていた。

何か音楽でも聞こうかと、
リュックからウォークマンを取り出そうとしたその時。
窓の外に、まるで幻のように、
ぼんやりと浮かび上がる揺らめきが見えた。
それも、緑から青に変わっているような……。

オーロラだった。空港を出て、わずか20分。
これが人生初めてのオーロラとの出会いだった。
ホテルに着く頃には、もう消えていた。

旅は、星野道夫の本とともに

初めての海外旅行。
８日間の旅にしては小さめのトランクとリュック、
バイトをして貯めたお金で買った一眼レフカメラ。
それから、約14時間のフライトのおともは、
近所の古本屋で見つけた、
星野道夫さんの『旅をする木』という一冊だった。

旅の候補は何か所かあった。
オーロラが見たいなら北欧の方が安いだとか、
きれいな街を歩きたいならイタリアやフランスだとか。
そんな折、
父に**「アイスランドはどうか？」**と持ちかけられた。

調べてみると、そこには見たことのない、
世界の果てのような景色が広がっていた。
「ここには何があるんだろう」
私はその場所が地球のどこにあるのかすらわからないまま、
アイスランド行きを決めていた。

「何かいい写真は撮れたかい？」

一つ目の街のホテル。
出会いは深夜、ホテルのロビーに併設されたバーで
オーロラが出るのを待っている時だった。
ぼんやりとロビーのソファに座っていると、
現地の人に声をかけられた。
両親と同い年くらいのおじさん。
バーテンダーを交えた３人で、片言の英語と身振り手振り、
紙とペンを使って絵を描きながら話をした。

「何かいい写真は撮れたかい？」
彼の親戚は日本人らしく、
いつか自分も日本に行ってみたいと笑っていた。
温かいココアをごちそうしてくれて、
彼が好きだという場所のポストカードを買ってくれた。
「良い旅になるといいね」
英語がわからない私に、
ゆっくりと、わかるように話してくれた。

「あなたも、見れるといいわね」

二つ目は、荒野のまっただ中にあるホテル。
窓の外は、真っ白な氷の世界だった。

「この国の人は、オーロラを毎日見ているから、
わざわざ外に出て見にいったりしないのよ。
だけど私はオーロラが好きよ。だって、とても美しいもの」
ロビーにいた受付の女性は、そう言って、
「あなたも、見れるといいわね」と笑いかけてくれた。

白と青と灰色の3色しかない世界

出会いは、人だけではなかった。
その一つは、間欠泉だ。

アイスランドでよく見られる、
一定間隔で大地からお湯が吹き出る場所。
そこに向かうまでの道には、
色が白と青と灰色の３色しかなかった。
氷と岩だけでできた何もない雪原がずっと続いていた。
けれども間欠泉の周りだけは、
命が息づくように鮮やかな緑が溢れている。

湧き出る温水のおかげで、暖かな空気を感じた。
ここに来るまでに吸い込んだ、冷えた空気とはまるで違う。

進む先に、空に膨らむように広がる大きな湯気が見えた。
そしてその下には、まばらにできた人だかり。

カメラのシャッターを切った次の瞬間。

大きな水の柱が、驚くほど高く天を目指して吹き出した。
それはまるで生き物のように宙を泳ぎ、
しばらくするとパタリと止まり、
そしてまた、地面に吸い込まれるように消えていった。

Monkey Forest Ubud - Bali

涙が出るくらい、美しかった

もう一つは、流氷。

バスの心地いい震動に揺られながらうたた寝をしていると、
アナウンスが入り、眠い目をこすって体を起こす。
ぼんやりバスから降りると、地面はヒヤッと凍りついていた。
滑らないよう、しっかりと氷を踏みしめながら、
顔を上げる。

そこには、瞬きを忘れてしまうような光景が広がっていた。

地平線の彼方まで広がる、流氷だった。
氷は透きとおり、青い光を輝かせていた。

あたりに耳を澄ませると、何かが静かにぶつかるような
「ココココ……」という音が響いている。
しばらくしてそれが、
氷同士が擦れ合って発せられている音だと気がついた。

転がっていた流氷のかけらを掴むと、
透明な結晶の中に小さな気泡が閉じ込められていた。
「なんてきれいなところなんだろう」
私は泣きだしてしまいそうな思いに駆られながら、
シャッターを切った。

その時、世界の始まりを私は見た

白と青と灰色と、くすんだ緑の大地。
柔らかな光を含んだ、どこまでも広い空。

その光景はここにいる間、
いちばん長く見たものだった。

ありのまま残された地球の姿、
アイスランドの大地が昇る朝日に照らさせるその瞬間は、
世界の始まりそのものだった。

wild flowers
One of the wonderful
they are beautiful; over an
power-functions, they are lovely into
gain. Why are they beautiful? Because
Creator is an Artist; and, in addition, to making
things wich are necessary and useful to life, he ma-
-and they vere here to see how
C
VALE POR
Mes
Dia

いつか人生の岐路に立った時

星野道夫さんの『長い旅の途上』という本には、
こんな一節がある。

**「いつか大人になり、さまざまな人生の岐路に立った時、
人の言葉でなく、いつか見た風景に励まされたり
勇気を与えられたりすることがきっとある」**

私は今、都内で満員電車に揺られ、働いている。
けれど、その瞬間にも、
いつかの私が過ごした世界は息づいていることを、
私は知っている。

アイスランドに行って、
私の人生が大きく変わったということはない。

けれど今でもゆっくりと目を閉じると、
あの日見たアイスランドの景色を、
凛とした澄んだ空気を思い出すことができる。
それだけで、
気持ちがふと軽くなっていく。

またいつか、アイスランドに行きたい。

Finally, here I am.

僕がたどりついた世界

旅人たちが、
その足で訪れ、その目で見て、その肌で感じた
世界中の景色を
すこしだけおすそ分けします。
いつか、あなたがたどりついた世界も
見せてください。

アゲダ/ポルトガル

ポルトガル中部の町、アゲダ。毎年7月上旬から9月、ここで開催される傘祭りはアートそのもの。小さな町ですが、素敵な場所でした。

photo by Miyuki.F

サグラダ・ファミリア/スペイン

外観もさることながら、幻想的な内部にも圧倒されました。ステンドグラスから差し込むカラフルな光は、万華鏡の中のように輝いていました。

photo by 中村一弥

—— ストラホフ修道院/チェコ

12世紀に創立された歴史ある修道院の中の「神学の間」。そこだけ時間が止まっているような美しい図書館。プラハへ行ったらマストな場所です。

photo by 伏見昭宣

フィレンツェ/イタリア

ヴェッキオ宮殿から見えるドゥオーモが、いちばんきれいだと私は思います。目線と同じ高さでドゥオーモが見えるんです。

photo by Miyuki.F

セブ島/フィリピン

現地の暮らしが知りたいと思い、ゴミ山に行きました。ここに住んでいる人がいました。

photo by TOMOMI

とある孤児院/ケニア

あの時ボランティアで行かなければ一生会えなかった、純粋な目を持つ子どもたちです。

photo by Yumi Tajika

とある荒野/レソト

馬に乗りながら見た大きな空に、アフリカを感じた日の一枚です。

photo by Mimi/@mimi11111

マダガスカル島/マダガスカル

貧富の差以上に、現地の人がすごく楽しそうで、ちょっとうらやましく思うほどでした。

photo by 三浦成海

サルアガセイエット/イラン

数々のヒーローに助けられてたどりついた、秘境中の秘境。3,300人が住んでいて、その全員が家族らしい。苗字はみんな「ドーバル」さんだった。

photo by Mimi / @mimi11111

モニュメントバレー/アメリカ

アメリカ横断中、この道が運転していていちばん楽しかった！ 周りは見渡すかぎり何もない荒野。地球の広さを肌で感じられる場所です。

photo by 川波恵子

シャーヒ・ズィンダ/ウズベキスタン

ウズベキスタンという国は、どこも素敵な場所なんだけれども、ここは特に素敵で、青色で細かく装飾された霊廟はとても美しかった。

photo by 五十嵐大輔

ラダック地方/インド

宿で出会った人と一緒に、ヒッチハイクをしながら巡ったチベット仏教のお寺。自然に囲まれた寺院から見えたこの風景は、きっと一生忘れない。

photo by じっちゃん

ボコンバエバ村/キルギス

イシククル湖の青さは空よりも深く、太陽を反射してキラキラ輝く。手作りブランコに揺られながら、ぼーっとする時間が好きでした。

photo by じっちゃん

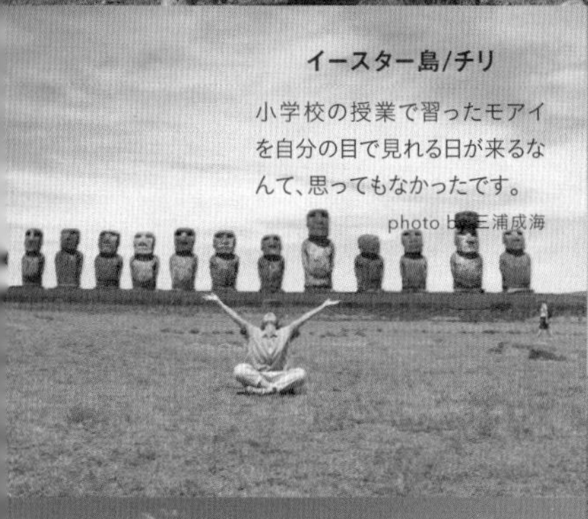

イースター島/チリ

小学校の授業で習ったモアイを自分の目で見れる日が来るなんて、思ってもなかったです。

photo by 三浦成海

モンテロッソ/イタリア

5つの村という意味を持つ、「チンクエ・テッレ」という地域のひとつモンテロッソ。カラフルなパラソルが似合う海沿いの町です。

photo by Miyuki.F

ホワイトサンズ/アメリカ

まるで雪の中にいるみたいな、真っ白な砂漠！ 夜にテントを張れば、掴めそうな星空が。

photo by Yusuke Miyashita

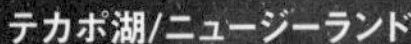

テカポ湖/ニュージーランド

世界初の「空の世界遺産」になるかもしれないと言われている場所。星空を見たくてゴールデンウィークに。満天の星が撮れました！

photo by Miki Otani

レイキャヴィーク/アイスランド

神秘的な輝きを放つ、スーパーブルーの氷の洞窟。たどりつくまでは猛吹雪。こんな体験ができるのもアイスランドならでは！

photo by Yusuke Miyashita

タラートロットファイ・ラチャダー/タイ

今バンコクで人気のナイトマーケットを隣のモールの駐車場から撮ると、カラフルな屋台の屋根が、宝石を散りばめたような絶景になりました。

photo by Yusuke Miyashita

グリフィス天文台/アメリカ

映画「ラ・ラ・ランド」のロケ地として有名な場所です。美しい外観もさることながら、ロサンゼルスの街が一望できて、夜景は特におすすめ。

photo by Miyuki.F

イーペン・ランナー/タイ

年に一回、北部の都市チェンマイで開催される仏教のお祭り。一斉に上がる、祈りが込められたコムローイ（ランタン）は圧巻でした。

photo by Miyuki.F

ボゴタ/コロンビア

コロンビアの首都、そして古代黄金都市で見た、ゴールドの夜景です。標高3000mを超えるモンセラーテの丘からの一枚。

photo by Mimi / @mimi11111

バンクーバー/カナダ

小さな離島、グランビルアイランドのクラフトビールが飲めるブルワリー。都会と自然が融合するバンクーバーは、世界でいちばん好きな都市！

photo by Yusuke Miyashita

とあるホステル近く/ドイツ

クリスマスを過ごすため、友達より一足先にドイツ入りした夜の一枚です。街並みに溶け込む落書きをたくさん写真に収めました。

photo by Momoka Harashima

メルボルン/オーストラリア

世界的なストリートアートの街。大通りから一本入ったHosier Laneは、もはや落書きではない芸術作品で壁一面が埋め尽くされていました。

photo by Yusuke Miyashita

ケアンズ/オーストラリア

「ダイバーシティってこういうこと」ってわかる街。性別、年齢、人種関係なくみんなが楽しい空気を、自分の肌で感じられる社会がありました。

photo by Yusuke Miyashita

バンコク/タイ

バックパッカーの聖地カオサンロード。ここに来たら、旅を始めた頃を思い出す。これからもずっと、そんな場所でいつまでもあってほしい。

photo by ショータ

ハバナ/キューバ

アメリカとの国交が回復したキューバ。その国旗を描いたアートです。灼熱のハバナは、通りがかりの人もやさしくて、素敵な国でした！

photo by Miki Otani

デット島 /ラオス

雄大なメコン川に浮かぶ島。たまたま出くわした小さな村のお祭りでの一枚。僧侶の祈りの声は、なんとも心地のいい響きだった。

photo by じっちゃん

ドゥブロヴニク/クロアチア

「アドリア海の真珠」と言われるほど美しい街並みを見下ろした景色は、絶景でした。ジブリ作品のモデル地と噂のとおり、まさに気分は主人公！

photo by中村一弥

マチュピチュ/ペルー

雲の隙間から現れた神々しい姿に感動……。こんな場所にどうして？ どうやって？ 実際にこの目で見たのに、さらに謎が深まりました。

photo by 川波恵子

アンテロープキャニオン/アメリカ

旅雑誌で見て、絶対に行きたいと思ってた場所。数万年もかけ水流によって浸食された地層に降り注ぐ太陽光は、まさにパワースポット!

photo by Miyuki.F

コペンハーゲン/デンマーク

留学中、ちょうど折り返し時期に訪れた時の写真です。残された時間を大切にしようと、心を引き締めたことが懐かしいです。

photo by Momoka Harashima

セドナ/アメリカ

一度は必ず行きたかったカセドラルロック。訪れるにはとても時間がかかりますが、壮大な景色には感動しかなかったです！

photo by chiemi sakai

トロムソ/ノルウェー

見たい景色を見る、をモットーに旅立った世界一周の最後に見たのがオーロラでした。いろんな絶景を見てきましたが、いちばん感動しました。

photo by 中村一弥

ガーデンズ・バイ・ザ・ベイ/シンガポール

ベンチに座って見上げると、光るヘンテコ植物が熱帯夜を照らしていた。

photo by ゆっち

パラワン島/フィリピン

2015年に「世界でもっとも美しい海」にランクインした場所。この先忘れることはない。

photo by kota sano / @kota.s.s

グアナファト/メキシコ

北米大陸縦断の際に訪れました。ピピラの丘からの夜景が美しかったです。

photo by Yuta Kimura

聖ヨヴァンカネオ教会/北マケドニア

オフリド湖畔に建つ教会の眺めは、忘れることのできない旅の思い出となりました。

photo by 伏見昭宣

サンタモニカビーチ/アメリカ

アメリカ横断といえば「ルート66」。シカゴから約3,800kmの旅の果て、心地いい風が吹く終着点のサンタモニカビーチは、旅人の聖地です。

photo by Yusuke Miyashita

サルベーションマウンテン/アメリカ

雲ひとつない青空の下。砂漠の中に突如現れる。「神は愛」をテーマに、ある男性がたった一人で、30年の月日をかけて造り上げたアート作品！

photo by Yusuke Miyashita

ウユニ塩湖/ボリビア

行く前からSNSで写真をたくさん見ていましたが、それでも実際に見ると、この世のものとは思えない美しさに、その何倍もの感動がありました。

photo by川波恵子

パース/オーストラリア

世界一幸せな動物と呼ばれる「クオッカ」。小さな離島ロットネスト島でしか会えません。葉っぱや木の実を食べている時がシャッターチャンス!

photo by Yusuke Miyashita

タオ島/タイ

ダイビング天国として有名なタオ島。「マクロ」から「群れ」、「ワイド」まで存分に楽しめます。私的にジンベエザメとの遭遇率高めの島です。

photo by Miyuki.F

チャーン島/タイ

学生時代、初めての海外旅行で訪れた島です。名もないビーチの何気ないサンセットの風景に感動したことを、今でも鮮明に覚えています。

photo by kota sano / @kota.s.s

ユーラシア横断／自転車旅

Eurasia

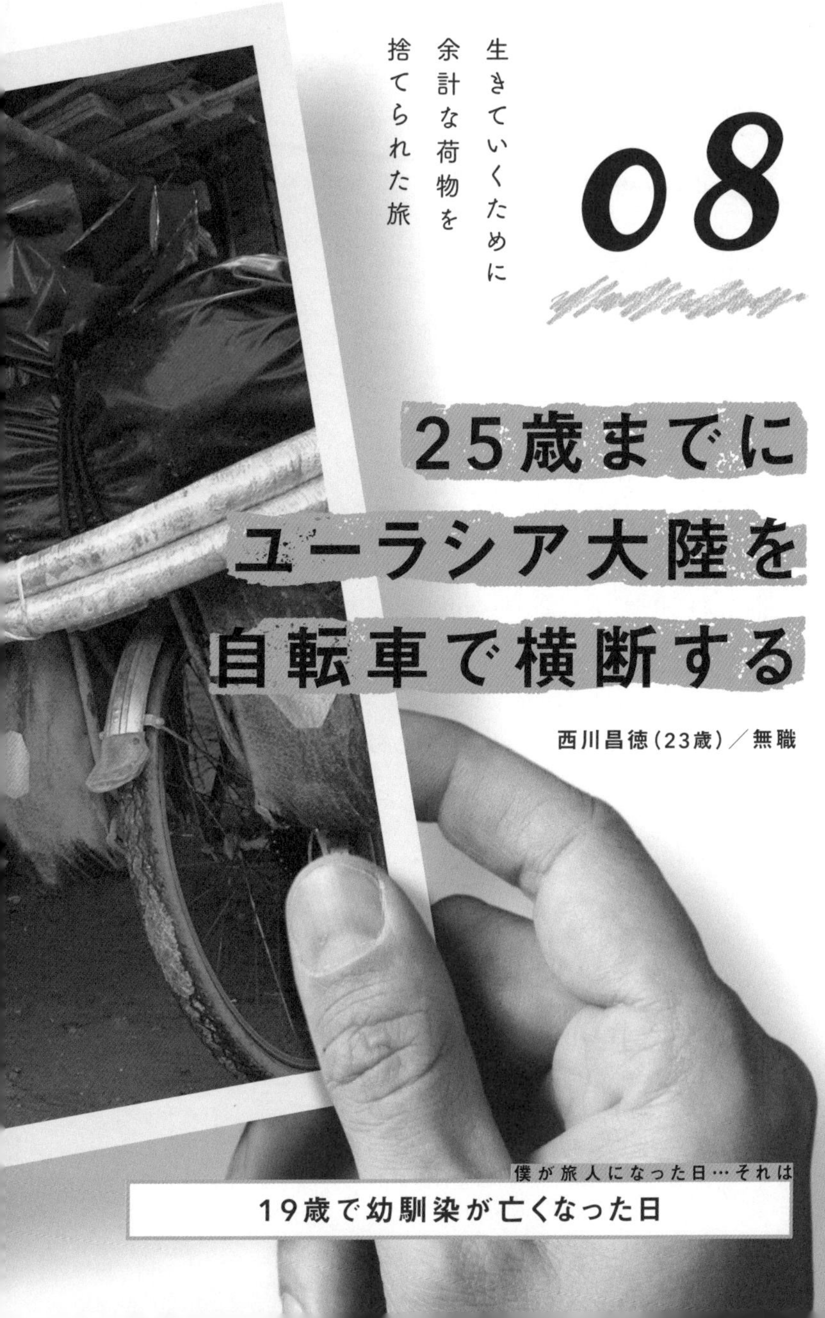

生きていくために
余計な荷物を
捨てられた旅

08

25歳までにユーラシア大陸を自転車で横断する

西川昌徳（23歳）／無職

僕が旅人になった日…それは

19歳で幼馴染が亡くなった日

親友が19歳で死んだ

まさか死ぬなんて思ってなかった。
幼馴染が、親友が、それも大人になるまえに。

自分より頭が良くて、友達がたくさんいて、
悔しいけど彼女もいて、憎たらしいところもあったけど、
みんなに愛されていたあいつが、あっけなく亡くなった。
19歳だった。
事故は、亡くなる1週間前だったそうだ。

葬式が終わったあとも、現実を受け入れられなかった。
大学の講義中に突然、涙が出てきたりした。
自分より生きている価値があるはずだったやつが、
この世からいなくなってしまった。
何にも知らないまま、すべてが終わってしまった。

「知らなかったから仕方ない？」
あいつのために、病院にかけつけて声をかけることも、
神様に祈ることもできなかった。
「現実はどうだ？」
あいつが命と向き合っていた1週間。
自分は適当に講義を受け、バイトが早く終わらないかと
腕時計を見つめ、ぐうたら昼寝をしていたのだ。
その現実が、自分を完璧に殴りつけた。

半年ほど経った時、あいつが夢に出てきた。
内容は何も覚えていない。
けど、前を向かなきゃという決意のようなものだけが、
まだ寝ぼけている心の中から起き上がってきた。

後悔しない人生を送る。今を生きる。
それが、あいつが命をもって教えてくれたことだと信じて、
それからの人生を生きてきた。

70歳で自転車で旅するおじさんたち

それから、長期休みになるたびにヨーロッパを旅した。
３回目の旅、バックパッカー、オランダのアムステルダム。
そこで泊まったユースホステルで、
結果として、自分の人生を変えるおじさんたちに出会った。

彼らは、食堂でごはんを食べていた。
「何しにアムスに来られたんですか？」
何気ない気持ちだった。
おじさんなのに、こんな安宿にいることが気になった。
「仲間と来ていてね、
明日からドイツに向けて『自転車』で旅をはじめるんだよ」
なんだそれは！ 自転車で国境が越えられる⁉
しかも、歳を聞いたら**「今年70歳なんだ」**と言う。
完全に**「負けた」**と思った。

「自転車の旅はね、点と点をつないでくれる線の旅なんだ。

行き先じゃなくて、その途中にこそ旅があるんだよ」

なんだそれは……どういうことだ……。

鳥肌が立った。頭で考えるより先に、心が震えた。

「大学の恥」でも構わなかった

それから自分も自転車旅をはじめた。

彼らには見えていて、

けど自分はまだ見えてない世界を走りたくて。

「25歳まで、自分のために旅をしたい」とまわりに伝えた。

親は**「自分の人生だからそれでいい。これからは、**

自分の責任で生きていきなさい」と言ってくれた。

大学の仲間には**「お前は変わっている」**と言われ、

教授には**「大学の恥だ」**と言われた。

大阪から、船で中国に渡る。

「25歳までにユーラシア大陸を自転車で横断する」

という目標を持って。

うつむきながら踏み出したペダル

上海に向かうフェリーは大きかった。
海に浮かぶ巨体は、僕の視界を埋めるように浮かんでいる。
港の待合室から、
クレーンに吊られて自転車が運びこまれるのが見えた。
煙突から煙がむくむくとわいては、空に消えていった。
自分以外にも中国に渡る旅人がいたけれど、
行き先すら決まってない自転車旅は、僕だけらしかった。

海の上で二晩過ごし、朝早くに目が覚めた。
甲板に出ると、これから里帰りであろう若い女の子たちが
遠くを見つめながらはしゃいでいた。
視線の先、朝もやの向こうに街があった。
「あれが、上海か」それからは慌ただしかった。
到着のアナウンスが流れ、とたんに人々が動きはじめた。

ゲートでビザを見せるとすんなり入国できたけれど、
肝心の自転車が出てこない。
船の中で話した旅人たちも、いつの間にかいなくなっていた。
最後の最後に出てきた相棒は、少しレバーが曲がっていて、
チェーンが外れていた。
「どうしてくれるんだ？」と言いたかったけれど、
係員が何を言っているのかわからず、
そのまま港の建物を出た。

「なんでこんなこと始めたんだろう？」

想像した、キラキラした旅のはじまりとは、
ほど遠かった。
背中に汗をべったりとかき、うつむきながら、
高層ビルが並ぶ方角を目指してペダルを踏み出した。

あの時の絶望感は忘れられない。
言葉は通じず、だから宿にも泊めてもらえず、
目に映る人みんな悪い人なんじゃないかと、
泣きたくなりながら走った。

「なんでこんなことを始めてしまったんだろう……」
心から後悔した。
けれどもそれは、初めての旅でビクビクしていた
自分の目から見た世界にすぎなかった。

スイカをくれたおじさん

自転車を走らせながら出会う世界は、ひとは、
案外やさしかった。
いきなり自分を叫び止めたおじさんは、スイカをくれた。
彼が叫んだのは、人と関わることを避けていた自分が
あまりにスピードを出していたせいだった。
自転車を降り、メモ帳に漢字を書いてやりとりしたら、
通じた。嬉しかった。

誰かと通じ合うことは、
知らない世界を走る恐怖を楽しみに変えてくれた。

自転車旅のタイムスケジュール

自転車旅の一日は、だいたい日の出とともに始まる。
テントの中、アラームで目を覚ますと、
まず寝袋を片づけ、着替えをすませる。
テントを打つ雨音が聞こえる時は憂鬱な気持ちになるし、
晴れた日は、だんだんと青くなっていく空を見上げながら、
空気を吸い込み、腹の底から湧き上がる力を感じる。
寝ぼけながら沸かしたコーヒーを飲み干し、走りはじめる。
朝ごはんは少し汗をかいて、
意識がはっきりしてからの方が僕には心地いい。
町から町まで数日かかるようなルートであれば、
買っておいたパンでサンドイッチを作る。
小刻みに集落があるようなところでは、
走りながら屋台を探して、その日の気分でパッと食べる。

１日に走る距離は、だいたい100kmが目安。
休憩はだいたい１時間半ごと。
気分によっては距離で刻むこともある。
自転車で旅をしていると、
体と心はしっかりとつながっていることがよくわかる。
体力の問題ではないのだ。
しっくり来ている時にはどこまでも走れる気がするし、
そうじゃない時は、
たったの１時間が果てしなく長く感じることもある。

55 Fragata estadounidense Arethusa
56 Fragata chilena Monteagudo
57 Barca chilena Cristina Navarro
58 Barca de transporte Infatigable
59 Vapor Arequipa
60 Dique Valparaíso II + Vapor Chile
71 Ministerio de las Culturas, las Artes y el Patrimonio
72 Edificio Construcción Obrera (Colectivo Juana Ross)
73 Palacio Baburizza
Alcaldía Ciudadana
ΕΙΣΙΤΗΡΙΟ
€ 2,20
320国道
501
Playa Caleta Portales
Universidad Técnica Federico Santa María
PLACERES
Playas / Beaches
Playas / Playas
2013
DEPOSIT: $
Extra bag, golf club, box $5 extra each.
Hospital Carlos Van Buren
Parque El Litre

otas / Notes
Glaciar Martial
Aerosilla / Chairlift 01
Ushuaia Canopy
Casa de té
Escuela de Esquí
Bahía Golondrina
Secretaría de Turismo
Municipalidad de Ushuaia
Provincia de Tierra del Fuego, Antártida e Islas de
Centro de Información Turística
Prefectura Naval Argentina 470
Tel.: +54 2901 437666 / 432001
Gdor. Paz
Alfonsina Storni
12 De Octubre
Primer Argentino
Río Grande
Kuanip
Kayen
Tekenika
Belakamain
Walanika
Marcos Zar Sur
Hielos Continentales
Rotonda / Rounda
Bahía Encerra

面倒くさい、でも素晴らしい出会い

中国を南下し、ラオスへ。

道が崖のようになった山奥を走っていた夕暮れ。
テントを張る場所を見つけられずにいたら、声が聞こえた。
左を見ると、掘っ立て小屋のそばで、
お兄さんたちが焚き火をおこして料理をしていた。
僕を見て、何か言っている。
「こっち来て一緒に食べよう！」
そう言っているんだと理解して、自転車を押し上げていく。
ほんの少しだけ青野菜の入ったシンプルなスープ、
それと、もち米を炊いたごはんをいただいた。

小屋の脇には、ロケットランチャーが置いてあった。
たぶん彼らはどこかの警備隊なのだろう。
それでも、その笑顔は朗らかだった。

タイ、カンボジア、それからまたラオスを抜けて中国へ。
チベットで5000mの峠をいくつも越えて、ネパールに渡った。

バングラデシュでは、
村人に**「建設現場にテントを張りたい」**とお願いしたら、
村中の人が僕の姿を見にやって来て、
まるで珍しい動物かのように凝視された。

夜19時半頃になると、代わる代わる仕事終わりの人たちが
懐中電灯を持って僕の姿を見にやって来て、
23時頃になると、今度は地元のヤンキーたちが
「ジャパニー!?」と言いながら挨拶をしにやって来た。

このように、自転車の旅には素晴らしい出会いが多く、
そしてときどき面倒くさい。
けれどSNSでは見ることができない、その国の姿があった。
そこからインドへと旅を続け、
道半ばにして、気づけば日本を出てから２年が経っていた。

飛行機の旅とは全然違った

自転車で旅をすると、その土地、人とグッと距離感が近づく。
風、匂い、音、声、肌に触れる温度、草花、
いろいろなものを見て、感じながら走る。
それは、飛行機で行く旅とは、少し違う。

ひとっ飛びしてしまうと見えてこない、土地のつながり。
国境を越えてもその先に広がる光景は、
それまでいた国と対して変わらなかったりする。
街の景色だったり、食事だったり、人の見た目だったり、
その移り変わりをグラデーションのように感じられるのだ。
すれ違う人たちがにっこり微笑んでくれたり、
子どもたちが手を振ってくれたりする。

時には挨拶からすっかり仲良くなって、家に招かれる。
誰かの家から見える世界は、
どんなガイドブックよりもその世界のことを語ってくれる。

「これが点と点がつながり、線になっていく旅なのか」

スタンプラリーみたいな旅ではなく

それは、観光地をスタンプラリーのように巡って、
写真に収めては次に行くような、わかりやすい旅ではない。
けれど旅の本当は、もっともっと言葉にしにくかったり、
時間がかかったりするものだ。

誰の人生もひと言で表せないのと同じように、
世界は、捉えどころがなくて、
けれど自分の心に少しずつ染み込んでいくものなんだ。

結局、ユーラシア横断には3年半かかった。
一度目は2年半かけて、中国からインドまでしか進まなかった。
旅を終えると決めていた25歳なんて、すぐに過ぎてしまった。

一旦帰国し、二度目の旅は1年かけて、
ネパールからユーラシア大陸の最西端を目指した。

「ここに地果て海始まる」

イラン。初めて踏み込んだイスラム教圏では、
ビビっていた自分の心持ちとは正反対のことばかり起きた。
公園を自転車で走れば、
ピクニックをしている家族に大声で食事に誘われた。
厳格な戒律があるはずなのに、お父ちゃんは、
何やら透明な液体をコップに注いでニヤニヤしていた。

トルコの日本人が集まる宿では、自転車乗りが３人も揃った。
お互いが見ていない世界を埋め合うように、
それぞれの経験を話し、毎日夜遅くまで語り合った。

高速道路の橋げたや、商店の屋根の下にテントを張りながら
ヨーロッパを進み、ドイツでは、
ソリに乗って通学中の子どもたちの横を走り抜けた。

そして旅の終着点、ポルトガルのロカ岬。
「ここに地果て海始まる」
そう刻まれた石碑の前で写真を撮った。

けれど、心の中から起き上がってきたのは達成感というより、
ほっとした気持ちだった。
そして、その余韻が抜けて心に隙間があいた時、
「これがまた、スタートなんだな」となぜか思った。

「What is your dream?」

３年半の旅を通して、やりたいことができた。
そのきっかけは、ネパール山間部の学校を訪ねた時のことだ。

自給自足の村で、懸命に勉強する女の子に心を打たれた。
「What is your dream ？」
聞いた自分に、彼女はこう答えた。
「I want to be a doctor.」

彼女の村には病院がない。つまり、医者がいない。
だから病気になるとすぐに人が亡くなってしまう。
「自分が医者になって人の命を救いたい」と教えてくれた。

消しゴムを買うお金がないからだろう。
間違えたところを指でこすって消していたため、
彼女のノートは、いたるところが真っ黒になっていた。

30人いるというクラスには、５人しか来ていなかった。
学校に来ない子どもたちは、家や市場にいた。
お母さんのように赤ちゃんをあやし、家事をこなす女の子、
街ゆく人に大きな声でりんごを売って、お金を得ている子、
そこには、自分の役割を全うする姿があった。
彼女らと出会って、今まで自分のためだった旅を
誰かのための旅にしたいと思った。
ただ自分が旅をし、学ぶのではなく、
自分が心動かされたことを誰かに伝えたい。

子どもたちと走る自転車旅

帰国後、僕はいくつかの学校で授業を担当したり、
夏休みには、子どもたちと自転車で旅をするようになった。
タイからシンガポールを目指す、
１か月のインドシナ半島を縦断・自転車の旅。
毎日、子どもたちはヒーヒー言いながら走っている。
言葉がわからない。道がわからない。
初めてのことばかりで、
自分の感情とどう向き合っていいかわからない。
だけど、その姿は**「生きていること」**そのものだ。

想像できてしまう人生なんて

彼らは自分のキャパいっぱいで、もがき苦しんでいる。
そうして、だんだんと自分を、世界を、押し広げていく。
誰かと嬉しさを分かち合うことを知って、
誰かとつらさを分け合うことを知って、成長していく。

想像できてしまう旅なんて、それっぽっちでしかない。
人生も同じだ。

最初は先頭を走っていた僕も、今では最後尾を走っている。
そして、子どもたちの誰かが代わる代わる先頭を走っている。
彼らは今、誰かの背中ではなく、
まだ誰も見たことのないまっさらな風景を見ている。
そうやって、人生も開けていくんだ。

荷物の軽さは、まるで心の軽さみたいだ

ハロー相棒！ 元気にしてる？
僕はといえば相変わらず旅をしているよ。

きっとあの頃から、僕は変わってなんかいない。
変わったことといえば、
旅の荷物がずいぶん軽くなったことと、
自転車をマウンテンバイクからグラベルロードに変えたこと。

旅を始めた頃は、スペアタイヤまで積んで大荷物だったけど、
慣れてきてからは、荷物は必要最低限のものになった。
軽くなったから、
当然今までより速く、より遠くまで走れるようになったよ。
何より気持ちが軽くなった。
気になったところがあっても**「荷物重いし面倒くさいなぁ」**
と思っていたのが、**「とりあえず行ってみよう」**になった。
荷物の軽さは、そのまま心の軽さみたいだ。

旅をすればするほど、自分の心に浮かぶ場所が増えていく。
思い出すだけで心があったかくなる出会いが、
そしてまた、帰りたい場所が増えていく。

君がいなくなってからも、
生きていく中で出会った大切な人が、また旅立っていった。
大切な人の旅立ちは、あらためて、
僕には今しかないことを教えてくれたよ。
誰かとの別れは、それが最後の時間になるかもしれないことを
刻んでくれた。

僕もいつ旅立つのかわからないからさ、
だからこそ、自分の心に素直でありたいと思う。
だからこそ、自分が持っているものを
惜しげなく誰かにも注ぎたいと思うよ。
君が僕に命をもって、大切なことを教えてくれたように。

何のために生きるのだろう?

いつからだろう？
旅の目的地が終着点ではなくなったのは。
幼馴染が死んでから、ずっと考えていた。

「何のために人は生きるのだろう？」

その答えは見つけるものではなく、
追い続けるものなのかもしれない。
そうして追い続けることこそが、
生きているということなのかもしれない。

ニュージーランド／海外移住
New Zealand
Konna's time
at KIDSPACE

ずっと一緒に
旅することを
決めた旅

09

立派なキーウィになった娘とパスポートに貼られた永住権

サトウカエデ（25歳）／会社員

私が旅人になった日…それは

やさしい夫の涙を見た日

10年目のパスポート

「16 NOV 2019」

真新しい紙に印字された数字をなぞって、
果たしてこんな年が本当に来るのかと不思議に思った。

2009年11月。
仕事を無理やり切り上げて、
私は新宿のパスポートセンターに駆け込んだ。
受け取ったパスポートの、新しい苗字を見つめる。
これは、この先の旅に必要な切符だ。
年が明けたら、
夫となった彼と二人でニュージーランドに行く。
旅行ではなく、住むために。
永住権を目指して。

「もしかしたら、片道切符かもしれない」
「永住権が取れずに帰ってきても、
日本に居場所はあるんだろうか」
旅立ちの前に誰もが抱く期待と不安。
10年後の2019年、私はどこにいるんだろう。

あの頃の私に伝えてあげたい。
「ここに、いるんだよ」って。

「ニュージーランドに行こうと思うんだ」

一緒に住んでいた彼が帰宅するなり告げた。

「はあ」生返事をする私とは対照的に、彼は真剣だ。

私は25歳で、彼は28歳。

聞けば、ハタチの頃にワーホリで訪れた

ニュージーランドを忘れられないという。

いや、いつか住みたいって話していたのは覚えているけど。

本気だったんだ。

「海外移住」という人生に突如降ってきたキーワードは、

現実味のない夢物語だった。

けれど、彼は着実に情報を集め、計画を詰めていく。

「一緒に旅をしよう」と彼は言った

「どうしよう。一緒に行く？」

「でも、英語もできないしやることないよね？」

「学校に入るにしても、お金はどうする？」

前に進んでいるのかどうかわからない話し合いを

二人で何度も繰り返した。

「ニュージーランドって、そこかしこに羊がいて、

海でアワビもとれるんだって」

「永住権が取れてから呼び寄せるといっても、

数年も離れ離れなのは寂しい」

連日の終電帰りでボロ雑巾のように擦り切れていた私は、
彼の語る未来に**「いいなあ」**と思った。

今振り返るとずいぶん他力本願な考えで、
私はニュージーランドに憧れていた。
「苦労はするけれど、二人でいれば寂しくはないよね」
若さというパワーにも背中を押された気がする。

「一緒に旅をしよう」
その言葉に、ついていくことを決めた。

夢から暗闇に落っこちた日

初めて降り立ったニュージーランドは、
想像していたよりずいぶん都会だった。

日本とは反対の季節、真夏の紫外線が照りつける青空の下、
空港からレンタカーで高速道路を走る。
移住の地に選んだオークランドは、当時人口140万人。
この国、最大の都市だ。
日本から連絡をとっていた不動産屋に空港から乗りつけ、
３か月の賃貸契約を結ぶ。
定員８人のシェアハウス。
私たちの部屋は、専用トイレとシャワーつき。
ウェブサイトの写真を見るかぎり、
共同キッチンとリビングは海外らしく広々している。
「生活の基盤をつくっていこう」
新生活の期待に胸をふくらませていた。

そして、未知なる世界に飛び込むことは、
予想だにしない出来事にぶつかることだと、身をもって知る。

部屋の真ん中には、クイーンサイズのベッドが陣取っていた。
そこに日本から持ってきたトランク、ダンボール箱３つ、
計65kgの荷物を運び込むと、
部屋はたちまち眠るだけの場所になった。

共有スペースはどんな感じだろう。
リビングに足を踏み入れて愕然とした。
コーヒーテーブルの上に山積みになった空き缶、
シンクに重ねられた汚れた皿。
その上にはぶんぶんと巨大なハエが飛び交い、
デッキには煙草の吸い殻の束が見える。

ソファーに、半袖半ズボンの男性が座っていた。
「やあ」気さくな笑顔を向けてくれたので、挨拶をする。
彼の様子を見るに、この惨状が異常事態でもないらしい。
たいへんなところに来てしまった。

部屋にシーツや布団の類は用意されていなかった。
それに気づいたのは夜８時。
朝型のこの国では、大概のお店は閉まっている。
そもそも、ショッピングモールの場所すら知らない。
結局、機内でもらったブランケットにくるまって寝た。
心底、夏でよかった。

「どうしよう」
「もう戻れないし、がんばろうよ」
「やっていけるかな」
どちらからともなく、同じ会話を繰り返す。
暗闇に二人して落っこちたような、
心もとない移住１日目の夜が更けていった。

となりにいたのは、何もできない私

不動産屋に、共有スペースの汚さを抗議する。
幸い、デッキの吸い殻やリビングのごみはすぐに片づいた。

数日経つと、シェアハウスの住人の姿もわかってきた。
レストランのシェフ、幼稚園の先生、エンジニア、大工……、
共有スペースの使い方に感覚の違いはあるが、
みな総じてフレンドリーだった。
とくに親切だったのがデザイナー見習いのポールだ。
新参の移住者である私たちに、ショッピングモールの場所や
車を買えるサイトを教えてくれた。

おかげで、徐々に生活は整っていった。

これらの一連の交渉や会話をしたのは、すべて夫。
「ハロー」しか言えない私は、
となりで神妙な顔をして頷いていただけ。

運転免許証の書き換え、納税者番号の登録、銀行口座の開設。
移住にともなう手続きは、山ほどある。
英語のサイトとにらめっこする夫の指示に従い、
私はただ、名前と生年月日、
覚えたばかりの住所をアルファベットで書いていく。
書類の文章の意味なんてわからない。
ただ、となりにいるだけ。
うしろをついていくだけ。
言われたことをするだけ。

○お買い上げいただいた本のタイトルを教えてください

[　　　　]

○この本についてのご意見・ご感想をお書きください

[　　　　]

ご協力ありがとうございました

お寄せいただいたご感想は、弊社HPやSNS、そのた販促活動に使わせていただく場合がございます。あらかじめご了承ください。

海とタコと本のまち「明石」の出版社
2016年9月7日創業

write right ight

ライツ社は、「書く力で、まっすぐに、照らす」を合言葉に、心を明るくできる本を出版していきます。
新刊情報や活動内容をTwitter、Facebook,note,各種SNSにて更新しておりますので、よろしければフォローくださいませ。

郵便はがき

料金受取人払郵便

明石局
承認

513

差出有効期間
平成32年10月
13日まで

(切手不要)

兵庫県明石市桜町 2-22-101

ライツ社 行

ご住所 〒			
TEL			
お名前(フリガナ)		年齢	性別
PCメールアドレス			
ご職業	お買い上げ書店名		

ご記入いただいた個人情報は、当該業務の委託に必要な範囲で委託先に提供する場合や、関係法令により認められる場合などを除き、お客様に事前に了承なく第三者に提供することはありません。

弊社の新刊情報やキャンペーン情報などをご記入いただいたメールアドレスにお知らせしてもよろしいですか?

YES ・ NO

新しい土地で感じたのは、
圧倒的な開放感とあてのない不安だった。
電車の乗り方もわからない。
バスの切符ってどうやって買うんだろう。

「夫がとなりにいないと、私、何もできないじゃないか」

待っていたのは、大人未満の生活

とりあえず英語をなんとかしようと、
語学学校に入学した。

学校に向かう初日、バスに初めて一人で乗った。
「To City（シティまで）」と告げたつもりだった。
なのに渡されたのは、
シティまでのチケットではなく、２時間乗り放題のチケット。
運転手には**「Two」**とだけ聞こえ、
「２時間チケット」と判断されたらしい。
「違うんです」と、伝える英語力も度胸もなく。
数百円を無駄に払い、バスの窓から見える海を眺めた。

日本では普通の社会人をやっていたはずなのに。
この国では、まるで子どもだ。

夫は私を怒った

私は語学学校へ、夫は永住権を取るため調理師の学校へ。
夕方からは、アルバイト先の日本食レストランへ向かう。
二人で働いても、所詮はバイト。
減っていく貯金には、すずめの涙だ。
語学学校を卒業し、私がフルタイムの職を得ることは、
移住生活を続けるうえでの必須事項だった。

３か月目ぐらいの時だった。
学校から帰宅した夫に、**「職探し、やだなあ」**とこぼした。
日系企業のあてはいくつかあるが、
社内の会話は日本語とはいえ、接客や電話対応は英語だ。
たった数か月学校に通ったからといって、
ゼロだった英語力が飛躍的にのびるはずはない。
自信がなかった。尻込みをしていた。
生活していかなければいけないのに。
旅行者気分で、おんぶに抱っこの
気持ちが抜けきれなかった自分。

夫は私を怒った。というより、
エクセルを開きながら、
移住計画についてこんこんと説明しはじめた。
生活費は、バイトしてもマイナスなこと。
資金はいつか尽きること。

だから、二人で力を合わせないといけないこと。
夫は面倒ごとを一人で引き受けていた。
おまけに、バスの乗車券もまともに買えない妻の面倒も
見なければいけない。
永住権だって、確実に取れるかわからない。
あの時、彼が背負っていたプレッシャーは
どれほどのものだっただろう。

先の見えない夜を照らす天の川

遅まきながら、英語も仕事もがんばろうと思った。
ここで二人で歩いていけるように。
夫の背中にある荷物を**「任せてよ」**って言えるように。
移住というハンドルをこの手で握ろうと決めたのは、
たぶんこの日、夫の涙を見たからだ。

泣いても喧嘩しても、生活はある。
二人でちょっと落ち込みながら渋滞の中バイトに向かい、
夫は唐揚げを山ほど揚げて、私はお皿を何往復も運んだ。
深夜に帰宅して駐車場から夜空を眺めると、
頭上にはっきりと見える天の川。

「明日は、きっといい日になる」
この国の空の広さがくれた気持ちに名前をつけるなら、
"希望"だったなと思う。

MONTE ALBÁN

やさしさが循環する社会で

仕事を得て、永住権を取った。
パスポートに貼られた**「Indefinite」**（期限の定めなし）の文字。
その言葉は、
私たちが望むかぎりこの国に住めることを意味していた。

ニュージーランドに来て４年目の春に、娘を出産した。
子どもという窓をとおして、この国の社会に触れる。
国民全員が、移民ウェルカムというわけではない。
でも、よそ者を受け入れる、そうした余裕がある国だ。
名前を知らない人からもらったやさしさが、山ほどある。

移住して間もない頃、１週間分の食料を抱えて乗り込んだ
バスの運転手のお兄ちゃん。
「どこのストリートに住んでんの？」と聞いてくれて、
バス停ではなく、家の近くで降ろしてくれた。
子を抱っこしながらレジの精算をしていたら、
となりのご婦人が荷物を運ぶのを手伝ってくれた。
ベビーカーで段差に苦戦していると、
笑顔でひょいっと手を貸してくれる人がいた。
それも一度や二度じゃない。
日本の国土の２/３、人口435万人。
やさしさが循環する社会は、
ずいぶんと息をするのが楽だった。

娘をとおして覗く世界

正直言って、10年経っても自分は移民だなあと思う。
私は在宅でライターとして日本語で仕事をし、
夫は地元のカフェで働いている。
知り合いも少ないし、溶け込んでいるとは言いがたい。
けれど、どっぷりニュージーランド人にならなくても、
ここでは穏やかに、邪魔をされず生きていける。

海から太陽が昇る街で暮らす。
ダイニングからコーヒーを片手に朝焼けを眺める。
朝食のあと、娘を送り届けに小学校へ。
青い空に白い雲が流れ、今日も陽の光が強い。

立派なキーウィ（ニュージーランド人のこと）となった娘は、
学校に到着するなり友達のもとへ駆けていく。
平気で裸足で歩くし、口ずさむ流行りの歌だって英語だ。
私自身が生まれ育った社会と異なる世界を覗くのは、
戸惑いはあるけれど楽しい。

この地で生まれた娘は**「Aotearoa（アオテアロア）」**と
書かれたパスポートを持つ。
マオリ族の言葉で
「白く長い雲のたなびく地」を意味する、
この国のもう一つの名前だ。

娘の５歳の誕生日を思い出す。
先住民族マオリの衣装であるコロワイをまとって、
嬉しそうに先生や友達に囲まれている娘を見た。
この国では、小学校の入学は一斉ではない。
５歳の誕生日から６歳までの間に入学すればいい。
学校の入学もバラバラだから、保育園の卒業もバラバラ。
セレモニーは個別に行われる。
枠組みがゆるやかな社会って、こうしたところから
生まれるのだろうか、なんて考えてしまう。

仲の良かった先生と、ハグをした。
「いつでも戻ってきてね」
「ここは、あなたのホームでもあるんだから」
やさしい言葉をかけてくれた。

人生は、旅みたいなものだから

この国で死ぬまで暮らすかどうか、決めていない。
もしかしたら、日本に帰るかもしれない。
一度移住をしたからこそ、簡単じゃないのがわかる。
ニュージーランドで育つ娘が、
自由に息できる場所で暮らすのも親の責任だと感じるし。

移住が成功したら、幸せになれるような気がしていた。
そんなことはなくて、
永住権を手にしようが目の前の生活は変わらなかった。
年々、最低賃金が上がる国。物価の上昇は激しい。
８年前に住んでいたアパートの家賃は６万円近くも上昇した。必要なお金を手に入れるには移民の壁はまだまだ厚い。
移民だからこそ、老後どうするんだみたいな不安もある。
ゴールなんてどこにもない。
ただ、終わりにむかってみな歩いている。
でも、その途中で、
どれだけの見たことのない世界に触れられるのだろう。
やさしい居場所を見つけられるのだろう。

「こんなはずじゃなかった」と、二人で泣いた夜もあった。
「日本にいたら、人並みの年収を得ていたかもね」
「友人たちが子連れで集まっているのを目にすると、寂しい」
だからといって、両手ですくえるものは限られている。

二人で歩いてきた道は、二人で選びとったものだ。
苦楽を共にしたこの10年を、
私は**「ありがとう」**って抱きしめたい。
次のパスポートが終わる時、私はどこにいるんだろう。
今はまだ、わからないけれど。
二人で出発した旅は、一人仲間が加わって。
旅は、この先も続いていく。

「ずっとずっと、一緒に旅をしよう」と、
あの日、彼は言った。
それは、照れて**「結婚しよう」**と
言えないかわりのプロポーズだった。

スイス／一人旅
Switzerland
mooh
www.mooh.swiss

心を縛っていた
声から
解放された旅

10

ハイジみたいな藁のベッドで人生を少し休んだ

船津さくら（33歳）／ライター

私が旅人になった日…それは

夢だった仕事を退職した日

「世界 大自然 穏やか」と検索して

仕事を辞めて10日後。私は一人、スイスにいた。

夢を描いて遠回りをした20代。
働きながら資格をとり、
30歳にしてようやく希望の職についた私は、
そのあと身体を壊してしまった。
誰かに無理やり働かされていたのではない。
自分の在り方を選んだのは、ほかならぬ私だった。
命を預かる重さに負けそうになりながらも、
得られるやりがいは計り知れず、大人になってこんなにも、
笑顔と涙でいっぱいの毎日に充実感は大きかった。
しかし、ホルモンバランスが崩れた頃には、
心のバランスも失いかけ、数年間で退職という道を選んだ。

先のことは、たった一つしか決めていなかった。
「一人で、どこかに行こう」それだけだった。

出発前、私はこの旅に期待をした。
「１か月の旅が終わる頃には、何か見えるモノがあるだろう。
自分と向き合い、日本ではできない経験をするうちに、
どんな生き方をしたいのか、きっとまた直感が働くだろう」

久しぶりの大きな冒険に、答えを求めていた。

ライツ社のおすすめ本

新刊やいまの季節におすすめしたい本です。

毎日読みたい 365 日の広告コピー

著：WRITES PUBLISHING
本体 1850 円 + 税　ISBN：978-4-909044-09-9

365 日、その日にぴったりの広告コピーを並べた、大切なことを思い出せる名言集ができました。日本テレビ「シューイチ」にて、カズレーザーさん推しの 1 冊として紹介。

全 196 ヵ国 おうちで作れる世界のレシピ

著：本山尚義
本体 1600 円 + 税　ISBN：978-4-909044-10-5

料理レシピ本大賞 2018「特別選考委員賞」受賞。全世界 196 ヵ国の料理が載っている、日本で唯一のレシピ本。見たこともない料理をスーパーの材料で作れます。

HEROES（ヨシダナギ・ベスト作品集）

著：ヨシダナギ
本体 11111 円 + 税　ISBN：978-4-909044-14-3

TBS「クレイジージャーニー」に出演し、話題の写真家ヨシダナギのベスト作品集。世界の美しい少数民族を捉え続けた 10 年の記録がこの一冊に。

売上を、減らそう。たどりついたのは業績至上主義からの解放

著：中村朱美（佰食屋）
本体 1500 円 + 税　ISBN：978-4-909044-22-8

「読者が選ぶビジネス書グランプリ」イノベーション部門賞。どんなに売れても 100 食限定。営業わずか 3 時間半。飲食店なのに残業ゼロ。小さな定食屋が起こした経営革命を綴った一冊。

「海とタコと本のまち」の出版社

ライツ社からのおたより

読者のみなさんとライツ社をつなぐ、お手紙です。

2016年9月7日創業
兵庫県明石市の出版社です。

write,right,light.

書く力で、まっすぐに、照らす出版社を目指します。

代表挨拶

なにをやっているのか、なぜやるのか。

2016年9月7日、設立の夜は雷雨でした。

この時代に出版社をつくるということは、
雷雨の中を歩き出すようなものだとはわかっています。
ただ、やっぱりわたしたちは、自分がおもしろいと思える本を、
好きな場所で好きな仲間とつくり、

大好きな本屋さんに届けて、

読者に読んでもらいたい。

これから、わたしたちがつくっていく本は、旅の本、物語の
1ページ目となる本、小説、図鑑などさまざまです。
ですが、出版業をとおして、やりたいことはひとつです。

「write」「right」「light」。

書く力で、まっすぐに、照らす。

本とは、凍りついたこころを解(と)かす光です。
それは、人が悩みもがくときに導いてくれる明かりかもしれないし、新しいアイデアが浮かぶ瞬間のひらめきかもしれない。
その胸の中に生まれる小さな火かもしれないし、温かい木漏れ日や友達の笑い声のようなものなのかもしれない。
そう考えています。

もしも、

今日のみなさんの一日が
設立の夜のような雨の日のありようだったとしても、

「3つのライトでそのこころを照らしたい」

という気持ちを掲げて、ライツ社は始まりました。

これから出版予定の本

どうぞ楽しみにしていてください。

スープかけごはん（仮）

著：有賀薫
「ねこまんまって本当にマナーがわるいの？」そんな疑問から始まったひと皿完結、お腹も満足なレシピを人気スープ作家と開発します。

クリエティブは誰のために（仮）

著：澤田智洋
電通のコピーライターであり、世界ゆるスポーツ協会を立ち上げた著者が綴る、すべてのクリエイターと呼ばれる人に読んでほしい一冊。

認知症世界の歩き方（仮）

著：issue+design
人の顔を識別できなくなる「顔無し族の村」、あっという間に時間が
「トキシラズの砂漠」……。そんな認知症のある方が経験する出来
スケッチと旅行記の形式で、誰もが身近に感じられるように紹介

Letter vol.9

このおたよりは2020年9月8日に書いています。本日
『リュウジ式 悪魔のレシピ』（リュウジ）が、2020年
賞 in Japan」で、大賞を受賞しました。
この賞は、例えるならば、書店員さんがその年、
決める「本屋大賞」のレシピ本版。つまり、
まる賞で、グランプリをいただいたという
本当にありがとうございました。
たった5人の、明石という街にある小
んが今いちばん売りたいと思ってく
みになりました。ライツ社が挑
ースになることを信じて、こ

ライツ社の日々の活動や本の案内は、弊
「ライツ社　note」と検索いただくか、QR

ライツ社 HP　http://wrl.co.jp/　

私が旅先を決める方法は、いつも同じだ。
場所を決めず、見たい景色の写真を探して、ただそこへ行く。

喜怒哀楽に溢れる仕事を退職したなら、
行く先は、穏やかな自分でいられる場所だと思った。
「世界 景色」「大自然 穏やか」
そんなキーワードで毎晩、画像を検索した。
そのうちに、１枚の美しい湖の写真に出会い、ピンと来た。
調べてみたらそこはスイスで、
それからはひたすらスイスの景色を検索し、
心が動く写真を見つけてはスクショをとって貯めておいた。
旅の準備はこれだけで十分だった。

ハイジの世界に泊まれる宿

次に宿。

「スイス 安宿」と検索すると出てきたのは、

「牛飼い農家で、リーズナブルに藁のベッドに泊まれる」

という、おもしろい予感がする情報。

１泊27スイスフラン、日本円にして約３千円という破格だ。

藁を敷き詰めた寝床、つまりテレビで見たハイジの世界。

絶対に楽しい気配のする響きに惹かれた。

大きな都市から船で２時間。

ブルンネンという小さな町の農家には、

それはそれは素敵が詰まっていた。

家族の住む家を中心に広大な敷地が広がっている。

大きな牛舎と牧草地、そして宿泊客が泊まる小屋。

小屋に入ってみると、天井は高く、

驚くほどの広さに藁が敷き詰められている。

ブランケットを借りてさっそく寝転がってみた。

「フッカフカだ」

寝心地はバツグン。

でも、体重で潰れると固くなるから、

少しずつ横にズレるように微調整していく必要がある。

おもしろくて仕方がない。

丁寧な暮らしって、こういうこと

酪農家の一日の始まりは早かった。
朝の４時から牛の元気な声が響き、近くの教会の鐘が鳴る。

農家のお母さんは、毎朝美しい朝食を作ってくれた。
テーブルには必ずお花が活けてあって、
ランチョンマットの上に、パン、たっぷりのジャムやバター、
茹でた卵、数種類のチーズを盛り付けてくれた。
朝、牧場で絞られたばかりであろう牛乳を温めてくれた
ホットミルクが最高に美味しい。
丁寧な暮らしって、こういうことを言うのかな。

緑色に広がる牧草地を眺めながら食べる朝食は、
どんな豪華なホテルよりも贅沢なモーニングだった。
感謝の気持ちを**「ダンケシェン」**と、
一言でしか伝えられないのがもどかしいけれど、
込み上げてくる感情を大切にしながら、いただいた。

それから、徒歩10分で行ける湖のほとりで過ごす時間が、
私のお気に入りになった。
キラキラ光る湖面に沿うように置かれたベンチ。
自由な白鳥。ゆるやかな時間を過ごす人たち。
水彩画で描かれたような空。
その景色の一部に、私も加わる。

「おつかれさま」が聞こえるような

「着いた」と思った。

「私はここに来たかったんだ」

ゆっくりと呼吸するのが気持ちいい。

感情が浮き沈み、波乱万丈の数年間を**「おつかれさま」**と

やさしくほぐしてくれているようだった。

「何もしないのって、いつ以来かな」

「そうだ、深呼吸しよう。空と湖がきれい」

「明日は何をして過ごそうか」

思考が穏やかになり、心が柔らかくなっているのがわかる。

散歩を終えると、牛舎にいた30頭の牛が放牧され、

ムシャムシャと草を食べていた。

みんな一旦私を見るけれど、**「なんだ、たまに来る旅人か」**

と認識したあとは、また草を食べ続けている。

「お邪魔します」と、心の中でお辞儀をした。

夜には毎日お母さんが、
その日あった出来事を聞きに小屋へ足を運んでくれた。
一人で寂しくないように気にかけてくれているのだろう。
でも、必要以上には踏み込んでこない、
適度な距離を保ってくれた。
それが心地よくて、ありがたかった。

最後の夜、お母さんに宛ててゲストブックにお礼を書いた。
ある日、いつも部屋に飾ってくれていたチューリップを
スイスでは何と呼ぶのかと聞くと、
「トゥルペン」と教えてくれたことがあったので、
たくさん絵を描いて、**「トゥルペンだよ」**と見せてみた。
お母さんは豪快に、太陽みたいな笑顔で笑ってくれた。

また行きたいなぁ。遠いけれど。遠いって、いい。

自分が滑稽でたまらない日々

そのあとも約１か月、やっぱり、
久しぶりの海外一人旅にはそれなりにいろいろあった。

全身を虫に刺されて、半泣きで小さな街の病院を探した。
下品なスラングで誘う、日本人狙いのナンパにも遭った。
私以外誰一人いない大自然の前で自撮りに挑戦し、
タイマーと格闘する自分が滑稽でたまらない日もあった。

空港で、困っている人を助けようとしたら騙されてしまい、
詐欺に遭いかけ、危うく数十万円を失いかけた。
ひどく落ち込んだ時に日本人に出会い、
他愛ないおしゃべりにこんなにも救われるんだと知った。

広い世界には、騙す人がいれば騙される人もいて、
でもそんなことは無関係に、笑わせてくれる人がいた。
私のために夢中でクルミをむいているうちに、
ボヤ騒ぎを起こしてしまうやさしすぎる家主もいたし、
慣れない言語でお礼を言うと笑ってくれたり、
駅で困っていると乗り換えアプリで調べてくれる人もいた。

まるで、でこぼこ道を歩いた旅。
でも、このでこぼこ道は、前にも歩いたことがあった気がした。

悪意のないはずの声に縛られた私

帰国3日前に到着したこの旅最後の宿は、
チューリッヒの安宿だった。
私は、ドミトリーのベッドに寝転び、
旅に出る前のことを思い返した。

資格のない、でも夢を捨てきれない20代の私が
やっと見つけたアルバイトの仕事だった。
そして、30歳でやっとつかんだ希望の職だった。

「もったいない」「期待していたのに」
「せっかく取った資格なのに？」
「この世界しかやってこなかったのに？」「夢だったのに？」
「叶えるのに、どれだけの時間とお金を費やしたの？」

悪意のない、ただ心配してくれているだけの周囲の言葉が、
退職を決断した私の耳に届いた。
それもいつしか、心を縛る言葉になった。

他人だけじゃない。
自分の中の意地と見栄も邪魔をする。

長い期間をかけて手にした仕事、
そして、かけがえのない経験を手放す勇気が持てなかった。

世間が言う普通とはちょっと違う決断をした、
歩きにくいでこぼこ道。

仕方ないと諦める自分が寂しかった

さらに、記憶をさかのぼる。

21歳、大学で友達が一斉に就活を始めた頃、
卒業したら海外へ行こう、と決めた私。
あの頃も同じような言葉を浴びていた。

「新卒捨てるの？ もったいない」
「帰国したら就職大変で後悔するよ」

実際、遠回りをした。
未来に胸を膨らませて帰国した私は、就職を前に絶望した。
ワーキングホリデーでは履歴書の空欄を埋めれない。
新卒でもない、何の資格もない自分に就ける仕事は限られ、
希望していた職は面接さえ受けられなかった。
そして、やりたい仕事の内容はできるかぎり諦めず、
その分、保障やお金を諦め、
仕方なく働きながら資格を取れるアルバイトの仕事に就いた。

当時の日記に、私はこんな言葉を残していた。

「ため息が止まらない。未来のために『仕方ない』と、
今を無理やり納得するしか、諦めるしかない自分が、寂しい」
若くて、青くて、痛いほど懸命な自分がいた。

休み方も悲しみ方も自分で選んだ

旅の終わりに、自分の人生と、自分の感情と、
一つひとつ向き合う。

出発前にスクリーンショットで貯めておいた景色は、
ほとんど見にいくことができた。
しかし実は、最後の目的地として予定していた湖だけは、
雪でゴンドラが止まってしまい、見れずに旅を終えた。
その湖こそが、スイスへ行くきっかけになったはずなのに。
いちばん見たかった湖だったのに。
でも、旅を振り返った今思う。
それでもこの旅は、心の底から楽しかったのだ。

予定していなかった景色に出会った。
歩き方も休み方も遊び方も悲しみ方も立ち直り方も、
何でも自分で選択した。
目的を叶えるために旅をするのではなく、
ただ、今の自分が楽しいと思う方に進み、一日を重ねた。

「楽しい」って笑うことだけじゃない

生きているといろいろあるのは世の常だ。
旅をしているといろいろ起きるのもまた、旅の常だ。
すべてが生きている実感につながり、
知らないことを知るために、また旅をする。

楽しいって、笑うことだけじゃなくて、
そういうことだと思う。

じゃあ、私の人生はどうだったのだろう？
ようやく気づけた。

私はずっと、**「今を乗り越えたら今を乗り越えたら……」**と、
未来のために、
今を辛抱して生きてきてしまっていたんだと。
でも、私はもうイヤだ。
心の声が聞こえないフリをして、そのうちに、
感じる心が麻痺してしまうのなんて、もうイヤだ。

もう、自分の声を無視したくない

私はどうやって生きたいのか。
どんなふうに呼吸をするのが好きで、何を見て感じたいのか。
どんな自分でいたいのか。
未来のために今を我慢するんじゃなく、
楽しい今日を積み重ねるために、今どんな選択をするのか。
もう、自分の心の声を無視したくない。
ギシギシ軋む、安いドミトリーのベッドの上で、
一人、誓った。

あの日、旅に出る前に期待していた答えなんて、
見つからなかったけど。
そもそも旅に答えなんてないし、探す必要もない。
「何かを見つけなくちゃ」
そう思うことが、私の心を縛っていたんだ。

でこぼこ道の方が、歩くには楽しい

帰国後、私は学校に通いはじめ、
ゼロから再スタートを切った。

「将来は大丈夫なのか？」と聞かれることも、たまにはある。
けれど、私はもう知っている。
周囲の声で不安になることよりも、
自分の内側と向き合うことの大切さを。
自分の在り方に違和感を覚えたら、
立ち止まって考えればいいんだと。

やるべきことは、今を選択した自分を信じて、
具体的な一歩を重ねていくこと。
新しい勉強をするたびにできることが増えるのは、
いくつになっても嬉しいし。

でこぼこ道の方が、歩くには、きっと楽しい。
回り道を後悔するか財産にするかは、自分で決められるのだ。

シベリア鉄道／一人旅

Siberian Railway

「私はここにいるんだ」と思えた旅

11

旅なんてだいきらい なのに今日も Googleマップを開く

下北沢エンデ

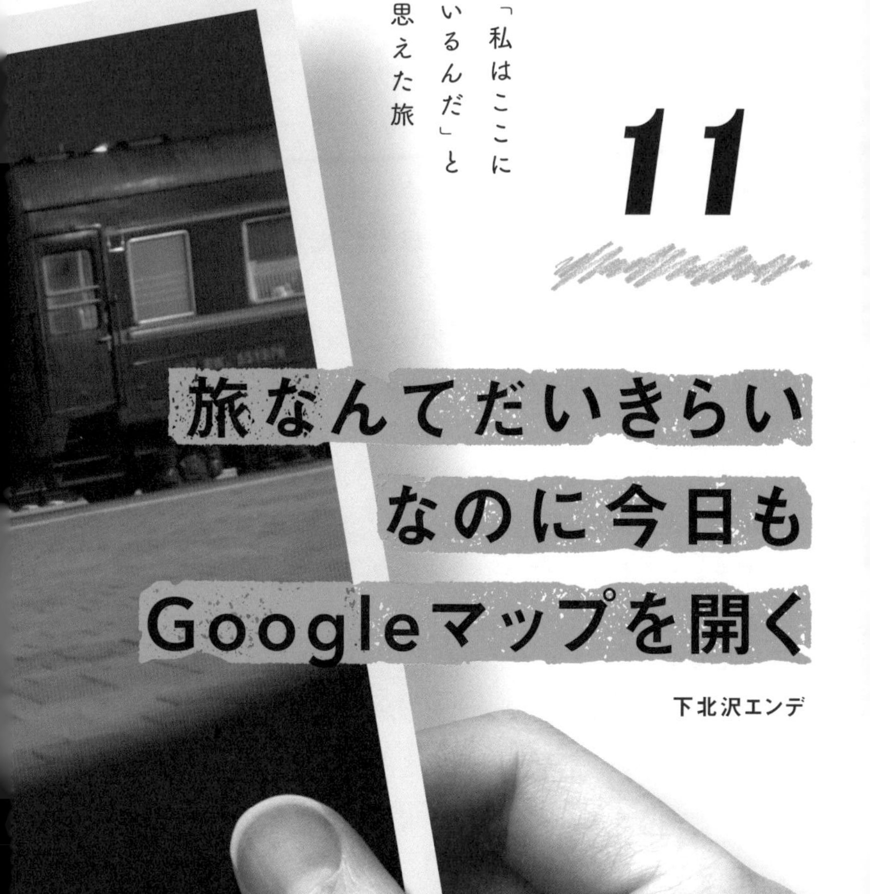

私が旅人になった日…それは

面倒くさい毎日のほうを選んだ日

旅なんて面倒くさいことばかり

旅をしたって、何にもならない。

お腹はすくし、お金は減るし、
寒いし、かと思ったら暑いし、思わぬ日焼けはするし。

視力が良くなるわけでも、愛する人に巡りあえるわけでも、
理想の体型になれるわけでも、ムダ毛が減るわけでも、
偏差値上がるわけでも、まつ毛がぐぅぅんと伸びるわけでも、
世田谷区の一軒家が手に入るわけでも、学歴つくわけでも、
ホクロがなくなるわけでも、そばかすが消えるわけでも、
虫歯がなくなるわけでも、ない。
行き先が先進国でも、途上国でも、
いいや国内だろうと、
旅行なんてだいたい不便で、困ったことばかりで、
いつもと違うことに戸惑ってしまう。

そもそも、旅の準備だって面倒くさいことばかり。

いつ行くのか、どこに行くのか、何日間行くのか、
誰と行くのか、交通手段はどうするか、どこに泊まるか、
何を食べるか、ビザの申請は必要なのか、
いくら両替すべきか、気候はどうか、治安はどうか、
全部考えて、調べて、決めないといけない。

「ああもう日本の湿度は無理だ、逃げよう。
梅雨の間にオーストラリアに行こう！」
思い立って、オーストラリアのどこ？
ビザはオンライン申請できる？ 直行便のある都市は？
現地でUberは走ってる？ ドミトリーでも平気かな？
オーストラリアドルのレートってどれくらい？
Tシャツだけで平気かな？ 長袖もいるかな？
ああ、会社に休むって言わないと。
盆栽のお世話を頼める人なんて、知り合いにいたかな。

など、たくさんたくさん、面倒くさい。

旅に出ないほうが、ぜったいに楽だ

しかも、最近は便利で不便で便利だ。
だいたい何でもオンラインで予約ができて、
でもどのサイトで予約するかも悩んじゃって、
もう行きたくない！ってなる。
予約をミスってキャンセルするとか、
電車の出発時間を気にして緊張している時間なんて、
ほんとうに心臓に悪い。

「こんなにもめんどくさくて、疲れて、
お金が減って、眠くなること、誰がするんだ？」と思う。

満員電車や湿度やコンクリートの照り返しや、
物価の高騰や、消費の冷え込みに文句を言いつつ、
悲惨な事件に悲しくなって、
自分が被害者でも加害者でもないことにどこか安堵し、
スーパーマーケットに立ち寄って、
安い鶏肉とそれに旬のアスパラなんかをカゴにつっこんで、
ついでにバニラアイスの誘惑に負けたりして、
ああ今日も生き延びたなあって、
どこかに犬の鳴き声を聞いたりする日々のほうが、
ぜったいに、ぜったいに、ぜっっっったいに、楽だ。
“ときどき”とか“ふと”とかじゃなくて、
もう、毎日毎分、そう思っている。

なのに、なんで、ここにいる？

「なのに、なのに！」私は今、ヨーロッパにいる。

親に連絡して、職場には辞めますって言って、
ビザを申請し、船やシベリア鉄道のチケットを予約し、
初めてペイパルで支払いをした。
家の更新をしないと不動産屋に伝え、各地の宿を予約した。
大使館に行くために、満員の日比谷線に乗り込んだ。
混雑がつらすぎてちょっと泣きながら、
でも必死に耐え、それでも大使館の職員に突き返され、
我慢できずふつうに声をあげて泣いた。

朝の広尾で、**「もういやだあぁぁぁ」**って。

なのに、私は旅をした。

船に乗って、それから鉄道に乗って

大阪から乗った上海行きの船は、
台風の影響で２日も到着が遅れた。
予約していたホテルをキャンセルし、ドミトリーを探した。
シベリア鉄道のチケットは旅行代理店に連絡をして、
乗車券の受け渡し方法を変えてもらった。

上海から北京へのチケットを買うのもひと苦労だった。
巨大な駅をさまよって、カードが使えないことに困惑した。
高速鉄道にはなんとか乗り込んだけど、
次は地下鉄のチケットが買えなくてその場に立ち尽くした。

北京に着いた翌日にはもう、
シベリア鉄道に乗り込まなければならなくて、
観光なんてできなかった。
ルーブルの両替をしていかなかったので、
ロシアに入った途端に駅の売店で買い物ができなくなった。

フクロウを連れた男に追いかけられて

モスクワではバレエを観た帰りに、
キラキラした通りを歩いていたら、
フクロウを連れた男に追いかけ回された。
「Money ! Money ! 」って。

ベルリンへのフライトをミスして、
途方にくれる間もなく空港内を奔走した。
ドイツに入った瞬間、言葉がわからないことに絶望し、
この世界で何の役にも立たない、最底辺の人間だと感じた。
ビザやお金の心配が降り掛かってきて死にたくなった。

「なのに、なぜ！ どうして！」

１年が経った今も、私はヨーロッパにいる。

ルクセンブルクやフィンランド、

スイスにリヒテンシュタイン、オランダ、そしてベルギー、

各地をふらふらとしている。

交通手段や宿を決めるのに毎回泣きそうに悩んで、

ビザ更新のために外国人局に３時間も並んで、

それでもなぜか、気がついたら、いつもどこかにいる。

私は旅に何も期待していないのに

旅をしたって、何にもならない。

きれいな景色で心が洗われるだとか、
息抜きだとか、経験になるだとか、
見たことのない世界を知れるだとか、命の洗濯だとか、
そんなことは一切思わない。

あれだけの移動をしたって、私は強くなんてなってないし、
責任感とかもないままだし、
お金の管理も苦手だし、虫歯にもなるし、すぐに高熱を出す。

先週なんて、たこ焼きを落としただけで泣いて、
おにぎりを潰しただけで死にたくなった。
歯医者の治療費（300€）も払えていないままだ。

私は旅に何も期待していない。
ただ、気がついたら私はどこかに吸い寄せられていて、
抗う力を持たない私は、
いつもそれに流されている、というだけだ。

ここまで私を突き動かすものは、何なのだろう。

今日も私はGoogleマップを開く

上海までの船で一緒だったスイスファミリー、
遊びに行くよ、と連絡したら家に泊めてくれた。
大きなお鍋で茹でた白アスパラも、
手作りピーナツバターも、忘れられない。

中国で困っていたら、
知らないおじさんが銀行やチケット窓口を連れ回してくれて、
そのあとコンビニで、
シベリア鉄道用の食べ物までたくさん買い与えてくれた。
駅で右往左往していたら、
「この金を券売機に入れろ！」とばかりに
お札を渡してきた人もいた。

６日も揺られた鉄道、
あの窓から流れる湖や大草原を思い出すだけで、
あともう少しがんばれそうになる。
初めてのドミトリーは想像以上に汚かったけど、
「私はここにいるんだ」と強く感じた。

今日も私はGoogleマップを開く。
次はどこへ行こうか、旅なんてだいきらいだけど。

カナダ／川下り

Canada

かけがえのない
思い出を
作ってくれた旅

12

死期が迫った父の夢
ユーコン川で
親子二人で漕ぐカヌー

河口尭矢（31歳）／プロスキーヤー

僕が旅人になった日…それは

人生の希望を見つけられた日

イヌイットの言い伝えを信じて

「オーロラは病を癒す」

北極圏で暮らすイヌイットにはそんな言い伝えがある。

「ユーコンに旅に出よう」

末期ガンを宣告された父に、私は提案した。

ユーコンとは、父が敬愛する作家の著書で紹介されていた、
カナダ最果ての地。
荒野は北極圏にまで及び、アラスカや北極海と隣接する。
日本より広い大地にたった３万しか人間が住んでいない、
世界のラストフロンティアの一つである。
一年の大半は雪と氷に閉ざされ、最低気温は-40℃に達する。
夏は太陽が一切沈まない白夜を迎える、極北の世界だ。

世界中を旅しながらスキーとサーフィンを仕事にしている
私のルーツは、旅好きな父である。

お世辞にも運動センスがあるとは言えない人だったが、
好奇心は人一倍強く、休みのたびに外へ出かけていた。
少々マイウェイぶりが過ぎることもあり、
こちらの気持ちをよそに連れ回されることもあったが、
それでも幼い私はその旅に少なからず影響を受けた。

そして父は事あるごとに、偉大な作家に倣い、
「聖地ユーコン川をカヌーで冒険したい」という夢を語り、
私はそんな遠い世界の話を聞いて育った。

後悔と嫌悪の間で

時が流れ、私たちが大きくなると家族での旅も難しくなり、
父は露骨に寂しがった。
生き甲斐を見失った父は、不器用なあまり酒を求めた。
そして、不景気と事業の悪化もあり、荒れた。
そのうち父は孤立し、ついに家庭は離散した。
落ち込んだ時には、自ら命を絶つことさえほのめかした。
パワフルだった父は弱り、病気がちになった。
それでも私にとって父は父であり、私なりに慰め続けた。

変わっていく様を止めることもできない自己嫌悪、
年老いていく親を一人にさせている後ろめたさ。
どうしたらいいのか、自分でもわからなくなっていた。

電話で聞いた「宣告」

ジレンマの月日を過ごすうちに、父から突然、電話が来た。
「一緒に病院へ行ってくれないか……」
頑固な父が珍しく弱気に頼むものだから不気味に思えたが、
仕事の繁忙期を迎えていた私は、
嫌な予感を振り払うようにその依頼をあしらった。

翌日、父から追って来た着信……おそるおそる電話を受ける。
末期ガンの宣告。
「余命数か月」というあまりに冷酷な現実を突きつけられた。
「どうしてこんなことに？」「これからどうする？」
「自分に何ができる？」「あの時もっと労っていれば……」
責任を感じ、後悔が押し寄せ、絶望の淵に立たされた。
変わっていく父を見ながら何もできずにいた自分を責めた。
悔やんでも悔やんでも取り返しがつかなかった。
どれだけの期間、自分を責め立てただろう。
しかし、時間が経ち、
現実を受け入れはじめた時に、自ずと答えは出た。

「ユーコンに旅に出よう」私は父に提案した。

死期が迫った父のためにできること

文明とは無縁の原生の森を裂くように、
とうとうと流れるユーコン川。
北極圏に至る最果ての地を１週間かけてくだる冒険は、
父に限らず世界中のカヌー乗りにとっての憧れである。
ただし、それは容易ではない。

流域における人類の存在は、
スタート地点の小さな町と、ゴールの集落くらいだ。
その間、テント、バーナー、レインウェアといった
装備から食料など、すべての荷物をカヌーに満載し、
大自然の中を自分の力のみで進まなくてはならない。
しかも、そこはヒグマの世界最大の生息域にして、
オオカミのような獰猛な生物や大型動物の生息域。
遭遇し怪我しても、転覆や遭難などのトラブルが起きても、
駆け込む町はおろか、救助してくれる人すらいない。
周到な準備とサバイバル術が必要なのだ。

そんな究極のカヌー行は、
病気の父にとって厳しい行程となるのは想像にかたくない。
それでも、死期が迫った父のために、
旅と冒険しかしてこなかった自分ができることは、
介護だけではない。援助だけでもない。
長年の父の夢を一緒に叶えることだ。

「息子よ、本気で言ってるのか？」

すべてのリスクを覚悟し、
私は余命数か月の父に無謀な提案をしたのだった。
当然、**「今さら無理だ。ふざけてるのか？」**と断られた。
唐突な誘いは、戯言としてあしらわれた。
「そうだよな。行けるわけない」
父が健常だったとしても、驚いたに違いない。
明日を過ごす体力すら保証されていないのに、無理もない。
しかし、私も引き下がれない。
残された時間が少ないとなれば、今しかないのだ。
時間が経つごとに病状が悪くなるのは
明らかであり、
残念ながら期限はすぐにやってくる。
かねてよりの親孝行の思いは、
私なりの罪滅ぼしへと形を変え、
その意義を強める。
数週間に渡り、何度か説得を試みた。

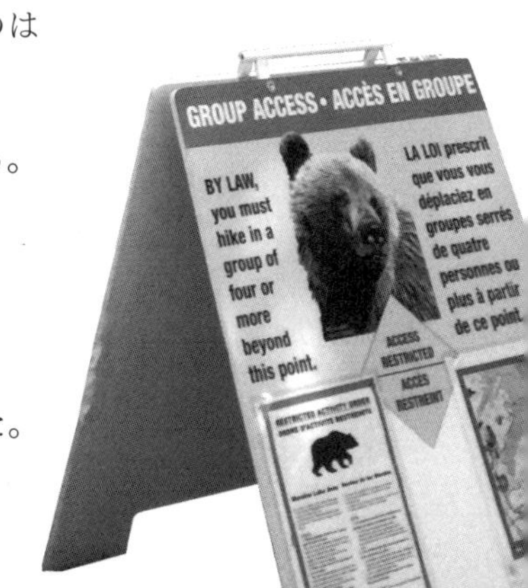

父は病気の宣告を受けさらに自暴自棄になっており、
誘うたびに不快感を示していたが、
実は隠れて英語の参考書を読むようになっていた。
父の弱っていた好奇心がいよいよ動き出そうとしていた。
そして、ある日突然電話をしてきた父は、
嘘くさい、他愛ない話のあとに照れくさそうに尋ねてきた。

父「そういえばユーコンの件、本気で言ってるのか？」
私「もちろんだよ。こちらの意思は変わらないよ」
父「本当に行けると思うか？」
私「連れていくのには不安は一切ない。
あとは親父が耐えてさえくれれば。
というか、この際失うものもないだろう」
父「はっはっは。そうだな」
私「憧れてたユーコンだろ。時期的にオーロラだって
見れるかも知れない。極北の大自然が待っているぞ」
父「おまえ、夢を見せてくれるなぁ。……行ってみるか。
もうどうなっても構わない気がしてきた」

ついに、父に償う最初で最後のビッグチャンスが
やって来た。

最悪の中にも、幸せはあった

そうと決まった瞬間から、旅は始まる。

凍てつく冬が来る前に、父が病気で歩けなくなる前に。
父は医師の協力を得て、薬剤をそろえながら、
できる範囲のトレーニングを始めた。
私はいつになく慎重に旅の手配と準備を整えた。
残りの家族や親戚、友人もあらゆる形で支えてくれた。
航空会社も運行に際して協力を申し出てくれた。
最悪の状況だと勝手に思い込んでいたが、
周りを見渡せば私たち親子はみんなに支えられている。
こんなに幸せなことがあるだろうか。

父はすでに痩せ細り、体感温度がかなり下がっていた。
そのため、9月にもかかわらずダウン着用のうえ、
ストックをついての旅となり、あらゆるリスクが伴った。
それでも、病は気からとはよく言うものだ。
私がかつて住んでいたバンクーバー、ロッキー山脈、
ユーコン準州内を紹介しながら北上するうちに、
父は疲弊するどころか、日に日に元気を取り戻した。
そして、北極圏についた頃には、
入院時からは信じられないほど歩けるようになっていた。

10年ぶりに父子一緒に漕ぐカヌー

現地の専門店で入念に冒険の装備を整え、
聖なる川ユーコンにカヌーを漕ぎ出す。
父はついに、ついに長年抱いた夢の中にいた。
15年ぶりに一緒に行く海外。10年ぶりに一緒に乗るカヌー。
頼もしかったその背中は、
時が経ち、いつの間にか小さくなっていた。
立場は逆転し、父への労りは旅に出て、なお強さを増した。
ところが、いくつになっても親にとって子は子なのだろう。
偉そうなことばかり言うものだから、ケンカは尽きない。
しかし、男親子の二人旅なんてこんなものだったりする。

私の背中には二人分の荷物がある。
父の医療機器と流動食、抗ガン剤、緊急時の痛み止め、
すべて合わせて40kgの荷物を詰めたバックパック。
その重量は、覚悟の重さだ。
何が起こっても後悔しない、ということだけは決めていた。

本で読み尽くしていた聖地へ

９月上旬、ユーコンはもう晩秋だ。
木々や地衣類は黄葉し、吐く息は白い。
まもなく訪れる、長くて暗い冬の足音を感じさせる。
雪解け水からなる大河は触れずとも冷気を帯び、
驚くほど澄み渡って、川底の石を透かしている。
流れは速く、石はすさまじい速度で背後へと飛んでいく。
遡上するサーモンの群れは水面を盛り上げ、飛沫をあげる。
ツンドラと隣り合う大地は、低い針葉樹林に覆われている。
豊かな森は倒木が朽ちて苔むし、リスの棲家となっている。
河岸では時折ヒグマが姿を見せ、
我こそが森の主とでも言いたげにノシノシと歩く。
馬よりも大きなムースは草をむしり食べながら、
長閑にこちらを眺めている。
空にはハクトウワシが悠々と舞う。
そう、目の前には、
野田知佑氏が描写したままの世界が広がっていた。

「本で読み尽くした地にたどり着くなんて」
父は信じられない様子だった。
あらゆるものに歓声を上げ、メガネの奥の細い目を丸くし、
写真嫌いが撮影を促し、いつになくはしゃいだ。

THURSDAY
12
DEC 13
NOT FOR SALE
KEEP
CONTROL NUMBER
034809
EVERY BITE

9月上旬の空は、白夜も終わりを迎えている。
それでも21時過ぎまで明るいため、
慣れていないと活動が無意識に長引き、トラブルを招く。
リスクを抱える我々は慎重に行動し、
空が明るいうちに川から上がることにした。

パドリングで強張った体を伸ばしたあと、
森に小型の携帯テントを張り、焚き火を起こす。
限られた道具と素材で、
残りの日程を逆算しながら、労をねぎらう食事をつくる。
暗闇と氷に覆われるこの地に住むイヌイットは、
我々の想像以上に太陽と火を尊重している。
この極北で、熱を生み出すものは何より貴重なのだ。
温かい食事を胃袋に流し込むと、不思議と安心感に満たされる。

ユーコン川がくれた儚すぎる宝物

カヌーの上でさえケンカが尽きないが、
焚き火の前では不思議と素直に向き合い、
話が進んだ。
週末のたびに狂ったように行ったスキーの話。
キャンプのみで長期間、北海道を回った話。
初めて家族で海外へ行った台湾旅行の話。
二人で挑んだタンデムカヌーの大会の話。
……そして、家族への懺悔の思い。

思い出が、二人の間に改めて共有される。
互いの思いがユーコン川の水音とともに入り混じる。
赤く頬を照らされた父の横顔は物憂げだが、
充実しているように見える。
その時間はユーコン川がくれた儚すぎる宝物に思えた。

生きている父に、見せたかった

極北の空は、深夜を迎えてようやく闇に包まれる。
森は背が低いので空が広い。
空を見上げると、針葉樹林の間から星がこぼれ出す。
北斗七星の脇に、ほのかな明かりがうごめくのが見えた。
「ようやく来た。オーロラの兆しだ」
これまで幾度となくオーロラを見たが、懲りずに胸が高鳴る。

音を立てるとオーロラは消える、という言い伝えに従い、
父に指をさし、小声でそうっと動く光を教える。
光は動きを増し、淡い緑や黄色に広がりはじめる。
そして、カーテンのようにひだを巻きながら空になびく。
文明からはるか遠くに孤立した我々を歓迎するかのように、
光が幾重にも重なっては消えながら私たちに降りそそぐ。

なんて神聖な瞬間なんだろう。
これを父に見せたかった。

流星群や彗星だってきれいだ。日食だって神秘的だ。
言うなれば毎日の夕陽ですら心は洗われる。
でもこれだけは言える。
「こんなにも魂が震える空は、ほかにない」
これが、北極圏に住むイヌイットが祈りを捧げる理由。
これが、病が癒える、と信じる理由。
医学的な根拠などなくとも、この光を見れば疑いようがない。
オーロラにはそれだけの神々しさが溢れている。

父は、空を見上げたまま心を打たれているようだ。
その表情は、旅に出る前とはまったくの別人だった。

「人生、最後まで生きてみるもんだ」

「生きててみるもんだ。人生捨てたもんじゃない」
一時は病床の絶望の最中にいた父が、旅を経て、
喜びに満ちた言葉を口にする。
あの天邪鬼で不器用な父がこう言ったのだ。

旅から戻った父の体調は、医師が驚くほど良くなり、
当初の見込みより父はずいぶんと永らえた。
オーロラは病を癒す、イヌイットの言い伝えは本当だった。
ユーコンへの旅は、父の心を打ち、希望を与えた。
そればかりか、かけがえのない絆と思い出を残してくれた。

その年の冬が過ぎ、春が来て、ユーコンにも太陽が戻った頃。
父の家の庭先では、
自らが愛でていたモクレンの花がほころびはじめた。
いよいよ旅のベストシーズンが近づいたある日、
父は、一人身勝手に永遠の旅に出た。
いつだってマイウェイな人だ。
もう届かないのが悔しいが、
ありがとうくらい言わせてほしい。最高の旅だったよな。
あの時断っていた酒を片手に、いつか思い出話でもしよう。

そして私は私で、これからも旅を続けようと思う。
人生は希望に満ちていると証明できる旅を。

オーストラリア／バス旅
Australia
Next 88 km

自分を偽って
生きることを
やめにした旅

13

2700kmの大陸横断
異国者たちと
野生的な共同生活

山本ギマチ（26歳）／会社員

私が旅人になった日…それは

何のために生きるかわからなくなった日

7年の月日を棒に振ったあとで

「ごめん、もう終わろう」

そろそろ冬が始まる季節に、大好きだった人と別れた。
７年記念日が１か月ほど過ぎた頃。
大学生の頃から、私の人生は一人の男性のためにあった。
なのに、私の世界の中心は無くなってしまったのだ。

ふと、**「これから何を目的に生きていけばいい？」**と思った。
これが私の、旅の始まりである。

「オーストラリアに行こう」と思った。
行き先は、正直どこでもよかった。
理由は非常にシンプルで、
「こっちは12月だから、真逆の夏の国に行きたい」
とにかく今とはかけ離れた場所で、一人になりたかった。

本屋さんで雑誌を何冊か立ち読みして、
西海岸に“パース”という街があることを知った。
そのまま２週間後の航空券の予約をした。
ホテルも、帰りのチケットも取らなかった。

月日はあっという間に過ぎ去り、当日の朝を迎えた。

トランジットで降りたシンガポールの空港ラウンジで、
興奮をみずから助長させるように、ハイネケンを飲み干す。
「待ってろ、パース」

泊まる宿も、明日の予定もない毎日

到着したのは、AM6:00。
まだ空港の飲食店は開いていない。
ひとまずタクシーに乗って、中心街に連れて行ってもらおう。
１時間ほど車を走らせてもらうと、
運転手は**「Have a nice vacation!」**と笑顔で去っていった。
「バケーション……、やっぱり旅人には見えないかぁ」
本当は、旅慣れたスナフキンのように見られたかったのに。

最初に見つけたカフェに入り、クッキーを食べる。
肝臓が泣くほどの強烈な甘さは、
コーヒーの苦さでは相殺できなかった。
改めて、私は海外に一人でいることを実感した。
この旅はどれだけ続くのだろうか。

**「言いたいことはちゃんと伝わっているかなあ。
ホテル、見つかるかなぁ。
今日から、どうしよう。何も決まっていないんだった」**

わくわくに不安が勝ちそうになる。

オーストラリア大陸を横断するバス

iPhoneを開くと、幸運なことにWi-Fiが使えた。
「神様、ありがとう」さっそく、パースについて調べてみる。
SNSを見ながら、いつものように画面をスクロールしていると、
そこに、運命的な出会いがあった。

「オーストラリア横断」
画面に目を奪われた……心拍数と体温がグンっと上がった。
"アメリカ縦断"なら聞いたことがある。
人はきっと、何かを成し遂げることが好きなんだろうな。
私も、もちろんそれに当てはまる。
フルマラソンを完走した時も、卒業論文を書き上げた時も、
ゴールに向かっていく自分がとても好きだった。
でも、まさか、横断なんて！
14日後には、東海岸のシドニーに行けるらしい。
しかも幸運なことに、今いるパースは西海岸の出発点。
なんか、運命な気がする。

「オーストラリアでもっとも長い1200kmの直線道路を走る」
と、HPには記載されている。
1200km って、東京から博多までの距離よりも長いらしい。
どんな景色が見えるんだろう。

ただひたすら、まっすぐな道に自分を委ねてみたいと思った。

「話は聞いているよ、ジャパニー」

勢いそのままに、カフェの店主に電話を借りて、
急いで連絡した。ドキドキした。
「あの、横断ツアーは毎日やっているわけではないですよね？
次は何日後に催行されますか？」
「君はラッキーだね、今日からのツアーに空きがあるよ。
今どこにいるの？ １時間後に出発予定だから、早くおいで」

私はなんてラッキーな人間なんだろう！
テーブルに多めにチップを置き、急いでタクシーで向かう。
あまりに躊躇のない行動だった。
「話は聞いているよ、ジャパニー」
待ち合わせ場所で、初対面のドライバーは微笑んでいた。

大柄でドレッドヘアの明るそうな人だ。
これからマイクロバスに乗り、10人ほどで横断するという。
韓国、オランダ、フランス、ドイツ、中国、
スウェーデンから来た人たち、地元の人も参加していた。
軽い自己紹介を済ませ、空いている席に座る。

あまりに野生的な共同生活

バスにはいくつかルールがあった。

- **途中乗車・下車が可能**
- **毎日同じ席に座らないこと**
- **食事はみんなで作り、みんなで仕事を分担すること**
- **当番制でオーディオ係をすること、**
  車内で自分の国のヒット曲を流すこと
- **トイレに行きたい時は、音楽に負けずに大声で叫ぶこと**

見ず知らずの人と共同生活。ついに冒険が、始まった。
それは、あまりに野生的だった。
日中は車で移動し、夜はキャンプ場に泊まる。
と言っても、テントすらなく、大空の下、寝袋で夜を過ごす。
日本とは違って、水道やトイレは存在しない。
トイレは基本的に、大地に還元するシステム。
なのでトイレと呼べるトイレで用を足せるのは、
１日に一度だけ立ち寄るガソリンスタンドのみ。

つまり、膀胱が破裂する直前に、
オーディオの爆音に負けず**「pee!」**と叫ぶ必要があった。
(これがいちばん恥ずかしかったことだ)

自分以外「会社員」がいないバス

ツアーのメンバーは日々入れ替わる。
好きなタイミングで乗ることも、降りることもできる。

普段はカメラマンでオーストラリアの絶景を見にきた。
大学卒業から就職までにギャップイヤーを作っている。
季節限定で看護師をやって、一年の半分は旅している。
ここには、いわゆる"会社員"が私以外にいなかった。

学校に通って、進学して、そのあと就職する。

そのコースを何も疑わずに生きてきた私にとって、
彼らは宇宙人に見えた。
彼らはたしかに、“自分で”決めている。

初対面で、生きている国が異なる人と、数日で仲間になる。
今までにない関係性に感動した。
誰かの足にトゲが刺さってしまった時は、
手持ちの爪切りで取り除いてあげる。
ヴィーガンの子のためにナスのステーキを作ってあげる。
貴重な水をみんなでシェアするときも、
自分の優先順位があまりに低い人たち。

全員が“Giver”(=与える人)だった

「宗教は？」「故郷は？」「将来は？」
バスの中では、多くの質問を受けた。

「世界一好きな食べ物がお寿司なの！給料日のご褒美なの！」
「福島の地震があった時、寄付したのよ！届いてるかしら？」
「すごい働く国なんでしょう？あなたは仕事していないの？」
「本を右から左に読むのか！しかも上から下に書いてある！」

すごい。みんな日本を知っている。
逆に私は、みんなの国を質問攻めするほど知らない。

「なんでここに来たの？」「普段は何をしているの？」
「宗教は？」「故郷はどんなところ？」「この先どうするの？」

す、すごい……久しぶりにこんなに興味を持たれている。
注目されている。
そして、一つひとつの質問にちゃんと答えられない私がいる。
私は今まで何を考えて生きてきたのだろう。

自分の心と似た、大きな岩穴

オーストラリアの壮大な自然に身を任せながら、旅は続く。

大きな岩にできた、ビーチを覗けるまあるい穴。
それを見て、自分の心と照らし合わせる。
ぽっかりと空いているところが、とてもよく似ている。
15mほどの高さの大きな岩・ウェーブロック。
ずっと先まで続く、崖のような海岸。
エスペランスで見た白い砂浜、深くて鮮やかな青い海。
「ライオン・キング」に出てくる、
プライド・ランドのようなナラボー平原。
言葉を失う景色がそこにあった。
どのくらいの期間を経て、こんな地形ができたんだろう。

SEAT
29J
GATE
96
TIME
0915
DATE
09NOV19
FLIGHT
601
DEPARTURE

野生動物にもたくさん遭遇した。
日本とは違って、しっかり泥んこの茶色いコアラ。
一緒に泳いだアシカ。
キャンプ場で出迎えてくれた、カンガルー。
動物園とは違って、ごはんは自分で探さないといけないな。

私はどれだけ自分を偽ってきたのか

９日ほど過ぎた頃だろうか。
広大な大地に**「おやすみ」**と囁いているかのように沈む
やさしい夕日を見ながら、
私は同い年のドイツ人女性とお酒を飲んでいた。

**「将来って楽しみ？ 私、本当は日本に帰りたくないの。
また日常に戻っちゃう」
「楽しみに決まってるじゃん！ どうしてそう思うの？」
「時々、何のために生きているんだろうって思う。
自分のやりたいこともよくわからなくって」
「私は自分の明日を想像していたらワクワクするよ！」**

自分の明日を真剣に考えたことなんて、なかったかもしれない。
お母さんがそう言ったから、彼氏に好きでいてほしくて、
友達に合わせて。
私はどれだけ自分を偽って生きてきたか。

あなたは、どんな明日が欲しいの？

テストで高得点を取る、有名な会社に入る、
「かわいい」と言われたくて痩せる。
それが、私の何のためになるのか。
まずは自分がありたい姿でいることが大前提なのではないか。

「私、正直に生きてこなかったかもしれない」
後悔ばかりを口にする私に、彼女はすっぱりと言ってくれた。
「何それ！ すぐやめたほうがいいよ！」

その日は眠れなかった。
私はどんな明日が欲しいのだろう？

このまま自分がいなくなってしまっても

次の日も、バスは粗い砂利道を粗い運転で、
東に進み続ける。
私はどこに向かっているのだろうか。

ずっと、夢を見ているような感覚……ここには、何もない。
いや、たしかに私は存在しているはずだけれど、
なんだかふわっと足がついていない。

対向車はめったにない。
窓から見える景色は見渡すかぎり、ただの荒れ地だ。
しかしながら、よく観察すると、
雑草が生えていたり、砂漠だったり変わっていく。
変わっていないようで、
少しずつだけど確実に変わっている。
私はどこかに進んでいる……時間は誰にも止められない。

「私がこのままいなくなったら、
悲しんでくれる人はどのくらいいるのだろう」

ぼーっと外を眺めていたら、ある言葉が降りてきた。

「私は、自分が主人公の人生を生きたい」
あまりにしっくりくる言葉に、ほっぺたに涙がこぼれた。

バスの中で静かに泣く私に、
みんなが気づいているのかはわからなかったけれど、
まっすぐに伸びる道路の上で、
人生のスイッチが**「カチッ」**と切り替わった。

そして私は、**「もうこのバスに乗る必要がない」**と判断した。

成し遂げるだけがゴールじゃない

パースから2700km東にあるアデレードという街。
札幌から那覇までの距離を、私はバスで移動してしまっていた。

一緒にバスを降りた数人と、
日本の2倍の大きさはあろうジョッキで乾杯する。
みんなが**「やっとお風呂に入れる！」**と無邪気に喜ぶ中、
私は**「この人たちと出会えてよかった」**と
幸せな気持ちに浸っていた。
「生きていてよかった」とさえ思った。
そしてシドニー、つまり、
ゴールまで行かなかった自分を否定することはなかった。
成し遂げるだけがゴールじゃない。

明日の自分を、今日よりも良く

涙が止まらない絶景、言葉にできない経験、生涯の仲間。
出会うはずのなかったものが、
それが運命であったかのようにつながる瞬間。
しかしながら、もっとも心が震えたのは、
自分の決意に自分自身が納得した瞬間だった。

**「私は、明日の自分を今日より良くすることを
続けていきたい」**

旅は私に驚くほど気づきをくれる。
何かが終わる時こそ、人は、何かを始めるのだ。

ポレポレ キリマンジャロ

作：まるいがんも

旅と呼べるものに初めて
行ったのは35歳の時。

自分でも遅めだな、
と思う。

それまでも
海外には行った
ことはある。

でもそれは全部
ツアーや誰かが
お膳立てしして
くれたものだ。

ある時、趣味の登山が
高じて……
キナバル山か…
登ってみたいな
海外の山に
登ろう!!

でも海外に一人で
行ったことは
なくて不安…
マレーシアって
どこにあるのよ

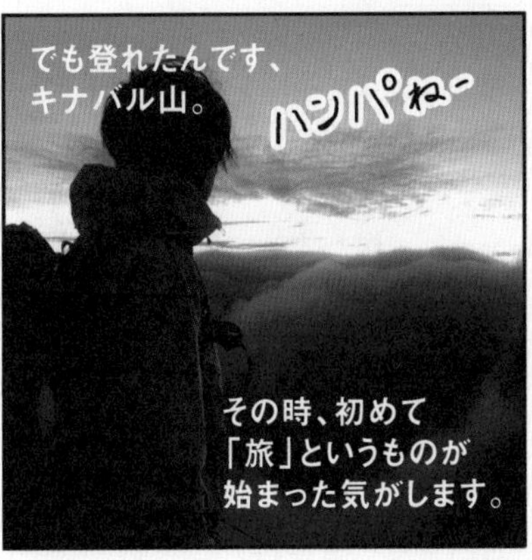
でも登れたんです、
キナバル山。
ハンパねー
その時、初めて
「旅」というものが
始まった気がします。

なんだ。
海外って
全然一人
でいける
じゃん。
覚醒

そこから
暇を見つけては
アジアをフラフラしたり
タイ
カンボジア
台湾
自分なりの
旅を楽しんでいた

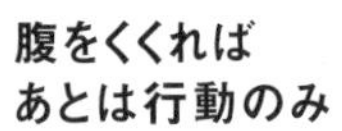

現地の会社とメールでやりとり

※登山自体は現地のツアー会社を通します。

Karibu!!
JAPAN
PASPORT

ザッ

めっちゃ遠かったぞー
タンザニア!
27時間
かかった

タンザニアに来て
まず思ったこと

女性の服装がおしゃれ
柄が
ステキ
スーパーに
銃を持った警備員がいる
MARKET

やっぱ日本とは
だいぶ違うな

主なルートは二つ。
小屋泊まりか、
テント泊。

頂上
5895m

僕はテントが好きなので
迷わずマチャメルートを
選んだよ

マラングルート
4泊5日くらい

マチャメルート
5泊6日くらい

マンツーマンなのでジェームスとはすぐに仲良くなった。
しゅみは？
結婚は？
何歳？
家族は？
仕事は？
彼女は？
そんな最中、ジェームスに聞かれた

ミノールは日本のどこが好き？

そんなの考えたことなかった
治安の良さ？
食べ物がうまい？
家族がいる。友達がいる
四季が素晴らしい？

むずかしいね…どこが好きなんだろう…
アハハ
ジェームスは？

僕は日本のどこが好きかを
はっきり答えられなかった。

アイデンティティを
はっきり持っている
ジェームスが羨ましかった。

これはなんかショックで今でも
心のどこかでモヤモヤしている

お金を払っているとはいえ、
なんだかいろいろ考えてしまった。

でも、それを僕がやってしまって
仕事をなくしたり、邪魔するのも
違う気がする…

そう考えると気持ちが
楽になった。

今回は素直に甘えよう。

ポーターの人たちが
頭の上に荷物を乗せて
運ぶ姿は圧巻だ
もちろん
ザックも
背負ってる

当然しんどいんだろうけど
彼らはいつも明るい
ニッ

すぐ歌い出すし
Ah〜

すぐ踊る
実はその陽気さには
なんども救われた
休憩中

僕はこの登山の最中、
やたら調子がよかった
スイ
スイ

自覚なしにペースが早くなると
ジェームスが呼びかける
ヘイ、ミノール

ポレポレはスワヒリ語で
「ゆっくり」という意味だ

何かで聞いたことあった
言葉だけど、
この時、生で初めて聞いた

いい言葉だと思った。

毎日、時間に縛られて
せわしい日本にいると忘
れそうになる。

時々ポレポレという言葉
を思い出しては、
もっといろいろなことが、
ゆっくりでいいんだと
思いかえす。

登山中は絶景の連続だ
スケールが違いすぎて
感覚が狂う

荒い道でも
頭に荷物を乗せて登る
ポーターさんに
驚く

ベースキャンプ
ここから
頂上へ
アタックする

晩御飯のあと
深夜0時に
出発だ
ミノール、
今日は長い
1日になるぞ

いよいよか…
緊張するな…
でも
ぐっすり
寝た

だいたい
みんな同じ時間に
登り出すので
最初は渋滞する

あれ？

なんか…
なんか
ぼーとしてる？

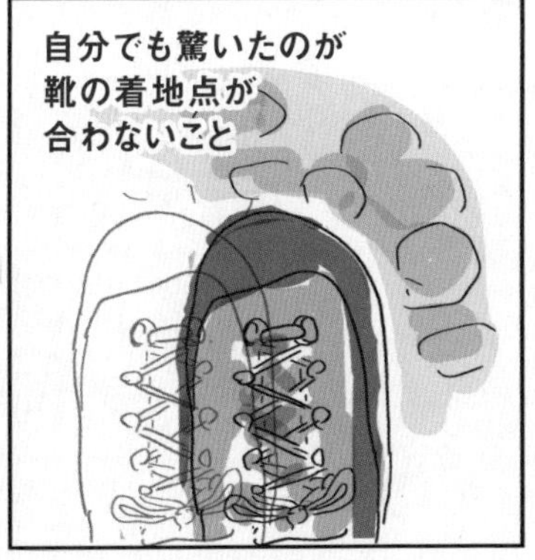
自分でも驚いたのが
靴の着地点が
合わないこと

休憩して休むと
視界が
はっきり
する…

しかし歩き始めると…
フラ
フラ

ミノール、
アーユー
OK?
オ…
オッケー

なんだよ、
これ…

フラ
フラ

ピタッ

ミノール、
お先に
どうぞ

ハッ
ハッ

MOUNT KILIMANJARO
CONGRATULATIONS
UHURU-PEAK, TANZANIA 5895M
AFRICA'S HIGHEST POINT

ジェームス、
ありがとう!

ミノール、
日の出だぞ

朦朧としていた
意識はいつしか
はっきり
していた

ミノール、
泣いてただろ
ニヤ ニヤ
見られた!?

本当に
これたな〜

下山は早い。
すいすいすべるように
麓に降りる

キリマンジャロ。
遠かった。

数年前の自分には、
まさかこの山に登ってるなんて
思いもしなかったことだ。

でも一歩踏み出せば
それは現実になった。

タイ／ホームステイ
Thailand

人生最大の後悔を生まずに済んだ旅

15

ハエとバナナとフライドチキン それは異文化の洗礼

小中ぽこ

私が旅人になった日…それは

父と母の言葉に逆らった日

裏紙に殴り書きしたプレゼン資料

「あの時、親に反対されても旅に出てよかったよ」って、
自分が親になっても言っていたい。

初めての一人旅は、大学３年の12月だった。
行き先はタイ最北の町チェンライ。
……ではなく、そこからさらに車でずっと移動した先にある、
小さな小さな村だった。

「国内でも一人旅なんてしたことないのに。
そんなところ危なくて行かせられないよ！」
行きたいと告げた時、両親は猛反対した。
いつもは応援してくれる母にも強く否定されたのは、
ショックだった。
父はというと、理由を言うこともなく**「ダメだ」**の一点張り。
ただただ、頭ごなしに否定された。
血気盛んな21歳だった私は、
ものすごく悔しく、同時にはらわたが煮えくり返った。
なぜ父は人の話を聞こうともしないのか。
これでは話し合いにすらならないじゃないか。

悔しくて、悔しくて、でもどうしても行きたくて。
部屋に戻った私は泣きながら鉛筆を握り、
裏紙に両親へのプレゼン資料を殴り書きしはじめた。

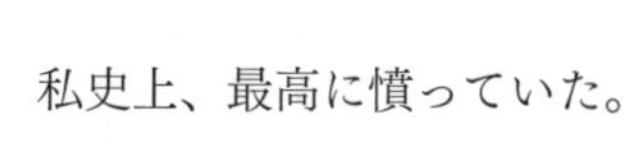

私史上、最高に憤っていた。

「これは試されている」
勝手にそう感じていたし、
一度否定されたくらいで諦めるなら
その程度、と思われるのもしゃくだった。
「絶対に行ってやる」その一心で書き殴った。

日本以外の生活を知らなさすぎる

就活が始まったこと。

ゼミでベトナムを訪れる機会があり、
初めて目にした“途上国”の日常に衝撃を受けたこと……。
私が慣れないスーツを着てセミナー会場に座っている間、
ベトナムの田舎では、
おじさんが道端でボードゲームに興じている。
今にも崩れそうな掘っ立て小屋の前で、
子どもたちが笑顔で遊んでいる。
どこかテレビの中だと思っていた世界にも、
自分と同じ24時間が流れていた。
そこに“生活”があった——。
そんな光景を目の当たりにして、
日本以外の時間の流れ方を知らなすぎる、と思ったこと。
その状態で就きたい仕事を考えるのに、疑問を感じること。

異国の生活をもっと知りたい、と思っていること。
それを踏まえて自分なりに調べ、このツアーを見つけたこと。
そう、私が行きたいと主張していたのは一応、
小さな旅行会社のパッケージツアーだった。
一人から催行可で、その年初めて企画されたもの。
タイ人の日本語ガイドの田舎にホームステイして、
現地の暮らしを体験するというプログラム。

……そのプレゼンに両親がどう反応したのか、
実はよく覚えていない。
覚えているのは、怒りで熱くなった自分の震えた声と、
汗でふやけた裏紙の感触。
とにかく旅へ出たくて、出たくて、必死だった。
娘の尋常ならない食い下がりに、
両親もついにOKを出してくれた。

「あなたが初めてのお客さんです」

「何をしてみたいですか？ あなたが初めてのお客さんです」

空港で落ち合ったガイドさんは、にっこり笑ってそう言った。
ああ、受け入れる側も初めてなんだな。
ツアーといえど、まだ“お決まりのコース”もできていない。
それこそ私が望んでいたもので、
ああ、楽しそうだなぁとわくわくした。

戦意が感じられない野良犬

１日目は、夜の街を歩き、
タイ舞踊を見ながら屋台のラーメンを食べるという、
いかにも観光っぽいことをした。

翌朝には、車で田舎の村へ移動した。
道路の舗装もなくなり、土がむき出しの道になっていく。
窓の外には砂ぼこりが舞っている。
そこかしこに野良犬？ がいて、私は少々面食らった。
けれどなかなかどうして、
犬たちは暑さからか道端でぐうぐう寝ていて、
戦意が感じられないというか、人間みたいで親しみがわく。

ハエがぶんぶん飛び回る肉

タイの街中では英語も通じるが、この村では通じない。
村人とは、完全にボディランゲージだ。あと、笑顔。

村に着くなり、近くの市場に買い出しにいった。
観光客が訪れる市場とはまったく違う雰囲気。
生肉の周りをハエがぶんぶんと飛び回る、
臆さず言うなら、薄暗くて埃っぽい市場だった。
笑顔がチャーミングなおばさんが、
生肉をぼんっ、と袋につっこんで渡してくれる。豪快。

買ってきた野菜を、ガイドさんが調理してくれる。
にんにくや香辛料を小さな石器に入れてごっごっ、とつぶす。
炒めものを手伝わせてもらう。
床にゴザみたいなものをひいて、料理を並べ、皆で食べる。
テーブルは使わない。ピクニックみたいだ。
そして驚くべきことに、そのどれもが本当においしかった。

「ハエがぶんぶん飛び回っていたお肉かあ」
頭をよぎらないわけではなかったけれど、口にした瞬間、
おいしさでどうでもよくなってばくばく食べた。
「やっぱり私はアジア人なんだなあ」と、胃袋で実感する。

バナナの葉っぱで作るお菓子

それからガイドさんのお母さんと一緒に、お菓子づくり。
もち米と何かを混ぜたものに、
切ったバナナを入れて、大きな葉っぱで包む。
きれいなシステムキッチンではなく、外でやる。
縁側で、あぐらをかいちゃったりしながら、
バナナの葉で包む作業をのんびりと……それが日常の光景。

子どもたちとも、ちょくちょく遊んだ。
お絵描きをしたり、中学生くらいの女の子と話したり……。
と言っても、ボディランゲージだけれど。
笑顔がすてきな女の子は、いくつかタイ語を教えてくれた。
ガイドさんのいない時も、
私が持参した会話帳のイラストを指差したりして楽しんだ。
将来は先生になりたいのだそうだ。
どおりで私の下手なタイ語の発音練習に、
嫌な顔ひとつせず、にこやかに付き合ってくれるわけだ。
もしかしたら今頃、本当に教師になっているかもしれない。

世界には知らない生活が無数にある

この旅の記憶は、実はもう10年以上も昔のもので、
正直なところ、淡々と振り返ることしかできない。
当時の私に書かせたら、きっと荒削りでも、
もっといきいきとしたものになっていただろう。
そう思うとちょっとだけ、さみしい。
でも今、時を経て改めて振り返ると、
たしかにこれが私の旅の原体験だったな、と思う。

ホームステイを経て、
私は異国の暮らしの一片に触れることができた。
そして同時に、**「世界にはまだまだ自分の知らない生活が
無数にあるんだろう」**と思った。

それを見てみたい、とも。

あの日から、私にとっての旅は、観光地を巡ることよりも、異国の生活に触れることになった。

異文化の洗礼は「フライドチキン」

大学の卒業間際には、
カナダへ２週間だけホームステイをした。
初日に車酔いしながら到着した家で、
「気分がすぐれなくて」と伝えたその日の夕飯は
フライドチキンのみで、異文化の洗礼を受けた気がした。

就職して３年後には、
会社を辞めて８か月間、南の島フィジーで暮らした。
主食はキャッサバやタロイモで、
日常の中にはココナッツを削るシーンがふつうにあった。

そしてオーストラリアでのワーキングホリデー。
前半はシドニーで、働きながら暮らすを半年ほど経験した。
後半はバックパックを背負って、農家でファームステイ。
田舎の家庭を転々としながら大陸を半周した。

わざわざその形を選んだのも、生活に触れたいという思いが、
私の中にずっと貫かれていたからだと思う。

そのあとにつながる「入り口の旅」

「じゃあその旅は、今のあなたにどう活かされていますか？」
そう聞かれると、うまく即答できない。
「タイの村で価値観を覆すほどのことがあったか？」と
言われると、そうでもない。
でも旅は、一つでは終わらないのだ。

タイに行ってよかった。
あの小さな気持ちを、そのままにしなくてよかった。
あれはきっと、
そのあとのたくさんの旅につながる“入り口の旅”だった。

KJKP
KARTU
U VOZILU
YOU HAVE
Sur.
ushuaia
ARGENTINA
LA CIUDAD
MAS AUSTRAL DEL MUNDO
THE SOUTHERNMOST CITY IN THE WORLD

自分の気持ちに素直になる。旅をする。
旅の中で、また新たな自分に気づく。
その気持ちを突き詰めていくと、また旅がしたくなる。
旅は、次の旅を生む。

そうして世界中で出会った友人たちの一部は、
私の人生に欠かせない、大切な人々になった。

世界を旅した「アンディ語録」

オーストラリアの田舎で出会った70代のホストファザー、
アンディのことばには重みがあった。
私はそれを**「アンディ語録」**として密かに書き留めていた。

**「世界をたくさん旅してきて、わかったことがある。
どこへ行っても人々はとてもフレンドリーだった。
問題は、政治だけなんだ」**

**「リタイアした今こそ思うけれど、
僕は仕事が自分に合っていて、本当に幸せだった。
その知識は今も日々の役に立っている。
世の中には『仕事、嫌だなあ』という人もいるけれど、
本当に嫌なら、仕事を変えるべきさ」**

「僕はね、自分のことなんて心配しちゃいない。
子どもや孫のことを考えると、ただ未来が心配なんだ。
年をとると、未来のことを
もっとずっと考えるようになるんだよ」

仕事のこと、世界のこと、未来のこと。
アンディのことばが、ふとした瞬間に頭をよぎる。
思い出すたびに、違う色を帯びてゆく。

厳しかったマザーがくれたギフト

別の家庭では、仕事場では厳しかったホストマザーが、
旅立つ直前、お別れにとハンドクリームのギフトをくれた。

「これを見たら、思い出してくれるかしら？
私のこと、忘れないでね」

今でもそのハンドクリームの匂いをかぐたびに、
彼女のことを思い出す。
強気な彼女が見せた、少し寂しげな表情とともに。

そしてまた、いろんなことを考える。
年を重ねてゆくこと。
限られた時間で、限られた人と出会う意味、
自分の残りの時間を、どう過ごしてゆくのか……。

旅をしてきた今の自分が好きだ

出会った人々との会話が、
旅をしなければできなかった経験が、
すべて今の私に影響を及ぼしている。

それらは生活に直結し、私の生き方になる。

私は、旅をしてきた、今の自分が好きだ。
決して順風満帆とは言えないし、
自分に自信があるわけでもない。
格好悪いことだってたくさん抱えているけれど、
それを誰かのせいにしようとも思わない。
そんな自分でいられるだけで、
まあまあ悪くないんじゃないだろうか。

タイの旅から10年以上を経て、私は子どもを産み親になった。
当時の親の気持ちの一片くらいは、
感じとれるようになった、と思う。
きっと私のプレゼンのあと、両親は話し合ったのだろう。
当時、海外へ出かけたことは一度もなかった二人だから、
よほど大きな不安があったに違いない。
それでも最終的には、
この血気盛んな娘を応援しようと決めてくれたのだろう。
そう、今なら思える。

自分の好き勝手なことばかりしてきてごめんね。
たくさん心配をかけてごめんね。
私も父に似て、結局頑固なだけだったのかもしれないね。

いつか子どもが「旅したい」と言ったら

でも、それでも。

いつか子どもが自分から**「旅がしたい」**と言い出したら、
第一声、**「おお、いいね」**と言いたい。
それがどんなに突拍子もないものだったとしても、だ。
それから**「どうして？」**と理由を聞きたい。
身の守り方や安全確保、旅のTipsを教えるのはそれからだ。

行きたいと思った旅には絶対に行った方がいい。

あの日、もし旅に出ていなかったら

たとえばもし、
私があの日、タイへ行くことを諦めていたら。

その後の人生で思い通りにいかないことがあった時、
きっと、そのせいにしてしまっていた気がする。
「あの時、旅をしていたら、
きっと私の人生、もっと違ったはずなのに」って。

すべての旅はかけがえのない経験だったし、
その延長線上に自分がいる。
今書いているこの文章だって、
あの時旅へ出ていなかったら、一行も書けていない。
旅をしてきて、本当によかった。

だからわが子よ。
いつか君が一人で旅に出て、旅先で何を感じるのかを、
私は聞きたい。
秘密のいくつかなんて当然あっていいし、
こぼれ落ちていく気持ちの方が多いとわかっている。
けれど、いつかその断片だけでも、聞いてみたいんだ。
直接語るのがもし億劫なら、
書き記したり、撮ったりしたものでもいいから。

これからもまた、新しい旅を

そうそう、ちなみに君の祖父母はね、
私が旅へ出てから、海外旅行をするようになったよ。
きっと私も、君から刺激をもらって
枠の外へ飛び出そうと思うことが、
この先いろいろあるんだと思う。期待している。
でも一人旅までは、まだもう少し時間がかかるから。
その日が来るまで、
しばし一緒に、たくさんの旅をしていこう。

まだまだ母も、次の旅がしてみたいんだ。

ジンバブエ／一人旅
Zimbabwe

一生をかけて
解かなければならない
問いを与えられた旅

16

「幸せだけれど このままじゃダメ」と アフリカの少女は 言った

鈴木基臣（30歳）／会社員

僕が旅人になった日…それは

自分にできることを見つめ直した日

青年海外協力隊に行けなかった

青年海外協力隊に行きたかった。
説明会に参加し、選考にも受かり、
南太平洋に浮かぶソロモンに行くところまで決まっていた。
ちょうど1年前のことだ。

人生プランの中で、途上国で2年という期間は悪くはない。
ただし、タイミングがある。
新卒であればキャリアに支障はないかもしれないが、
現場では能力が不足して何もできない。
反対に、30歳近くになると役に立てることは増えても、
帰国後のキャリア形成、つまり経済的な不安が生まれる。
「帰国後に日本の社会に溶け込むことができるのか」と。
私は技術者だからなんとかなる気もしたが、
今より良い会社に就職できるとは思わなかった。

一方で、新しい生き方を探してもいた。
ただ、なんだかんだ行かない理由を探していたのであろう。
直前まで悩んだあげく、**「行かない」**と判断した。
というより、**「行く」**という決断ができなかった。
会社にもJICAにも迷惑をかけた。

ブラックサンダーで涙するレベル

あれから１年。
これまで青年海外協力隊の知り合いはいなかったが、
奇しくも旅先で訪れたジンバブエで出会いがあった。
世界三大瀑布の一つ、
ビクトリアフォールズにほど近い安宿でのこと。

「一人旅ですか？ 変わったところに来ますね」
自分が彼に聞いたのか、彼から聞かれたのかは忘れた。
「ザンビアで青年海外協力隊やってます」と彼は答えた。
あまりの激務で、理想からかけ離れた高校教諭を休職し、
こちらで活動しているらしい。

挨拶を兼ねて、非常食代わりに日本から持ってきていた
ブラックサンダーチョコを渡した。
**「うわーめっちゃ嬉しいです！ 写真撮るレベルです！
涙出てきた……」**と興奮された。
ザンビアでのミッションがいかに過酷なのか垣間見えた。

ジンバブエに移住するおっちゃん

次の日の夜、サファリツアーから宿に戻るとまた彼がいた。

「ドイツ人の方と会いました？
なんか村に行くらしいですね。私も行っていいですか？」

そういえば、日本から宿に着いた日、
かっぷくのいい白人のおっちゃんを見かけていた。
年齢は、仕事をリタイアしたくらいだろうか。
プールから上がってきたばかりのおっちゃんは、
健康的な黒人のお姉さんと一緒に、呑気に料理を始めた。

「お腹空いてる？ パスタを作ったんだけど食べないか？」
手作りのボロネーゼ。
生姜がちょっと効きすぎていたが、美味しかった。

「どこから来たんだ」「滝はもう見たのか」
適当に話していると、突然誘いを受けたのだった。
「ビクトリアフォールズ近くの村に移住しようと思っている。
見に来るか？」
そんなおもしろそうなもの、見にいくに決まっている。

というわけで協力隊の彼、おっちゃん、
健康的な女性（彼女はおじさんのガールフレンドだった）と
私の四人で村に向かうことになった。

水道も電気もガスもない集落へ

村は、宿から車で20分の距離にあるそうだ。
おっちゃんの三菱パジェロは軽快に走る。

**「日本車はいいね！ 安いし軽快だし壊れない。
私はドイツ人だよ。でもアフリカでは日本車だ」**
ご機嫌なおっちゃんが運転する車の荷台には、
いろいろな大工道具や砂がぎっしりと積まれていた。

**「俺は村に家を作っている。
その材料を買いにマーケットに行っていたんだ」**
正直、何を言っているかわからない。

「これから行く村は水道も電気もガスもない。

だが、すごく良いところだ」

このあと、我々はジンバブエの実態を目の当たりにする。

ビクトリアフォールズの質素な村

ビクトリアフォールズのしぶきが見えるほどの距離。

低木が両脇にしげる未舗装の道に入って５分ほど走ると、

話のとおり、非常に質素な村があった。

驚きを超えて、呆然としてしまう。

本当に何もない。

ただ、話のとおり、ではあるが想像とはまったく違った。

おっちゃんが**「ビレッジ」**と呼んでいたこともあり、
複数の家族が住む集落があるものだと想像していたが、
そんなものはない。
目の前には柵で仕切られた10mほどの円状の区画があり、
そこに、円形の平屋がいくつか建っている。
その中にひと家族だけが暮らしているようだった。

「さあ、着いた。
あのお姉さんが全部案内してくれるから何でも聞くといい」

おっちゃんとガールフレンドはそう言って、
どこかへ行ってしまった。

自給自足と物々交換で生きる人々

「ようこそ。何でも聞いてくれていいけど、
まず村の話をするわね。ここには私の家族が住んでいる。
キリスト教徒でもあるけど、各家族にはトーテム
（精霊）がいて、それぞれ違うものを信仰しているの。
ゾウ、トリ、サイ、カバ。私たちはバブーン（サル）。
トーテムは食べちゃいけないから、鶏じゃなくてよかったわ」

案内されるまま、私たちは丸太のベンチに腰掛けた。

「ほとんど自給自足と物々交換で暮らしているの。
けど、４月は作物が育たないから食べるものがないわ」

「夫も仕事がない。子どもは７歳から27歳まで５人いる。
小学校は近いけれど、中学校は16kmほど離れているわ。
そう、滝の近く。片道２時間以上かけて通学するの。
水も汲みにいかなきゃない。
最寄りの井戸は３kmくらい離れていて、１日２回汲みにいく。
卒業しても仕事があるわけじゃないわ」

英語はみんな、話すことができるそうだ。
ほかにも独自の言語を持っていて、英語を話す途中でも、
舌打ちのような、特徴的なアクセントが入る。

「太鼓が私たちの携帯電話なの」

一度話を終えて、区画を見てまわりながら解説してもらう。
柵の内側にある平屋には、それぞれ役割がある。
キッチン、寝室、トイレなど。
建屋が円形である理由は、
「蛇が住みつかないように」とのことであった。

キッチンには壷が置かれ、中には雑穀が入っていた。
違う壷には、乾燥した植物の幹のようなものがあった。
「これは薬で、腹痛の時に使うと良くなるのよ」だそうだ。

別の建屋には、バケツがたくさん置かれていた。
「水を運ぶため」とのことであった。

トイレは穴があるだけだし、バスルームに関しては、
簡単な布の仕切りの向こうにバケツが置いてあるだけだった。
寝室にはベッドもあったが、
それは男性が寝るためにあり、女性は地べたで寝るそうだ。

飾られていた木彫りの動物は、
生計の足しにするために彫っているとのこと。
私は寄付の意味合いも込めて、木彫りのカバを購入した。

「太鼓が私たちの携帯電話。
良いお知らせ、悪いお知らせでリズムが違って、
周りの家族にも届くようになっているの」
太鼓自体はしっかりとした木材と動物の毛皮でできており、
叩けば素晴らしい音がする。

貨幣が誕生する以前の世界で

子どもたちにも会わせてもらった。

協力隊の彼が**「今の暮らしは幸せか？」**と
小学生の女の子に聞いた。
女の子は**「うん、大変だけど幸せ」**と言う。
「でも、もっとできると思う」とも言った。

算数、国語、英語、理科、社会などを学んでいる。
ただ、テストを受けるには別でお金がかかるので、
修了証明書がもらえないそうだ。

鶏が何羽か飼われていて、物々交換の対象となるらしい。
卵は食べず、鶏を増やすために残すそうだ。
牛は特に貴重であり、貨幣としての価値が極めて高い。
そんな暮らしは、
世界遺産**「グレート・ジンバブエ遺跡」**の時代から、
ずっと変わっていないという。
すべてが、我々のイメージをはるかに超える。

日本だと見方によっては貨幣が誕生する以前、
飛鳥時代にでも相当する生活なのだろうか。

「ハイパーインフレの時はどうだったんですか？」

「最悪だったわ。どこに行っても何も買えない。今もそのまま」

「政府や先進国からの支援はないんですか？」

「政府は信用できないわ。

アメリカは物資の支援をしてくれているようだけど、

郵便が腐敗しているから、私たちの手元には届かない」

「10年後にまた来ます。

この村がどうなっているか、教えてください」

あとで調べると、この国の平均寿命は61歳だった。

彼女の年齢は、いくつだろうか。

幸せとは、何だろうか？

青年海外協力隊の説明会で開発途上国の実態を

耳にすることはあったが、

実際に訪れてみた衝撃は大きかった。

しかし、この村でさえ、

ビクトリアフォールズの町に歩いていける距離にあるだけ、

まだ恵まれたほうなのだろう。

「幸せとは、何だろうか？」

「貧富の差とは何だろうか？」

「私に何ができるだろうか？」

教室にあったのは「ゆうパック」の箱

ちょうど村を見学し終わったタイミングで、
おっちゃんたちが帰ってきた。
「次は、私たちが住む予定の家を見せてあげよう」
パジェロを走らせること数分、
ぽっかりと丸い穴が掘られている土地が見えてきた。
現地の青年がおっちゃんの家を建設しているところだった。
おっちゃんは現地で出会った大好きな人と、ここで暮らす。
そのために、現地の人を雇用してお金を落とす。
協力隊の彼は、おじさんのことを
「一つのロールモデルですね」と言った。
それから、彼は**「学校も見せてほしい」**と頼んだ。
私も賛同した。

残念ながら休日だったが、教室を案内してもらった。
黒板はちゃんとある。椅子や机は明らかに少ない。
事務のお姉さんは、おっちゃんの彼女と幼馴染だった。

となりの教室には、
朽ちつつある“ゆうパック”のダンボールがあった。

「これっていつ来たか、どこから来たかってわかりますか？」
「わからないなぁ、相当前だと思うわよ。
ペンとかノートとか、そういうのが送られてきたの」

小学生の時、そういえばあった。
途上国に寄付するためにいろんなものを集めた気がする。
あれは、本当に届いていた。
誇らしい気もしたが、複雑な気持ちにもなった。

休日まで、学校で勉強する少女たち

一つだけ教室が開いていて、３人の児童と先生がいた。
勉強中だった。
「彼女らは真面目で頭がいい。休日なのにこうやって来ている」
先生は言う。誇りなのだろう。

「幸せだけれど、ダメだと思う」

教室の壁や天井には、
我々もよく目にするキャラクターの絵が飾ってあった。
教育がちゃんと行われていることに安堵を覚えた。
「ザンビアよりも進んでいますよ」協力隊の彼が言う。
ここでも、子どもらに質問していた。

「幸せ？」
「幸せだけれど、このままじゃダメだと思う」
子どもらの答えを聞いて、
彼は**「現状に満足していない分、未来がある」**と話した。

彼はいつもアフリカの子どもに、こう言うそうだ。
「比較しろ、問題意識を持て」

私自身も、学問の基本は“分類”と“観察”だと考えている。
事実を整理し、その中から共通性を見出す。
ほかの国にあって自分の国にないもの。
なぜないのか。ならば、どうするべきなのか。
まずは周りを知り、追いつくこと。
今のままではいけないのだ、と知ること。
問題意識を持つこと。
こう言ったことも考え方の一つではある。
「しかし」だ。幸せとは何だろうか？

一生をかけて解かねばならない問い

帰りに井戸を見た。先ほど話に聞いた井戸だろう。
皮肉なことに、
わざわざ井戸から水を汲む必要があるこの村からは、
ビクトリアフォールズの水しぶきが目に映る。

私は何がしたくて何をするべきだろうか。
また、わからなくなってくる。
ボランティアが悪いとか良いとか、そういう話ではない。
自分ができることを探すために、
知らないことを知るために、世界を見る。

そして、旅先での数時間の体験はそのあと、
一生をかけて解かなければならない問いに変わることもある。

ベルギー／一人旅
Belgium

17

6か国をまたいで
大切な
友達ができた旅

フランス人の彼女とアフガニスタン人のボーイフレンド

KiKi（29歳）／イラストレーター

私が旅人になった日…それは

15歳で故郷から巣立った日

NHKニュースで見た「大変な国」

毎朝４時にじいちゃんが起きてきて、
台所でお米を研ぎだす。
続いて５時にお父さんが起きてきて、
テレビのスイッチを入れる。
最後は６時に私が**「ハロー！ 私キティ！ 早く起きて一緒にあっそびっましょ！ がんばれがんばれ、パンパカパーン！」**
と、超ハイテンションな目覚まし時計に叩き起こされ、
のそのそと茶の間に向かう。

家族３人揃ったこたつには、炊きたての白米、味噌汁、
山盛りキャベツの千切り、その上には、
黒焦げの甘い卵焼きとウインナーがのっていて、
毎日変わらない我が家の朝ごはんが待っていました。

まだ半分寝ている頭で朝食を食べる時のBGMは、
決まってNHK総合テレビのニュース。
中学生だった当時、その時間帯はよくイラクやパキスタン、
アフガニスタンなどの海外情勢を伝えていました。
ですが、私はちょっと反抗期。
世界史の高校教師をしている父だけでなく、
その父が教える教科にも、
つまり世界で起こるいろんなニュースにまで、
反抗的な態度をとっていたのです。

それでも、**「大変な国があるんだな」**
という情報だけは、13歳の私の頭にも強く
刷り込まれていました。

3650円の飛行機で、友達の家へ

時は流れ、大人になった私は反動なのか何なのか、
世界に興味深々になり、
日本から飛び出し、ドイツに住んでいました。
必死に英語とドイツ語を学びながら迎えた、
４年目のベルリン生活。
完璧ではないけれど言語的にも自由を手に入れた私は、
イラストレーター、そしてライターとして、
ベルリンを拠点にヨーロッパを放浪しはじめました。

念願のボローニャ国際絵本見本市を見に、イタリアへ。
世界最大の絵本見本市に大興奮！
感動とトキメキでくたくたの状態でAirbnbにたどり着くも、
鍵をうまく開けられずに、ドアの前で途方にくれていると……。
あまりにも私がガチャガチャと
ドアノブを回しつづけていたからなのか、
「Are you ok ?」と笑いながら、
女の子が中からドアを開けて助けてくれました。
その子はフランス人のイラストレーターで、
彼女もまた、見本市を見にやって来たとのこと。

共通の話題に、私たちはすぐに打ち解けました。
それから2日間、同じAirbnbの部屋で過ごし、お別れの日。
「今度はあなたが住むブリュッセルに遊びに行くね」と
約束しました。
フライトをチェックしてみると、
ベルリンからLCCで、往復なんと30ユーロ（約3650円）でした。

「ただ、ボーイフレンドと一緒に住んでるんだけど大丈夫？」
「うん、全然大丈夫！ むしろ、お邪魔していいのかな？」
「平気だよ！」
WhatsApp（LINEの海外版ようなもの）でメッセージを送り合い、
翌月、私はベルギーの首都ブリュッセルに飛びました。

アフガニスタン人のボーイフレンド

空港から電車で最寄りの駅に向かい、彼女と合流。
アパートに着くと、
彼女はさっそくボーイフレンドを紹介してくれました。

「私のボーイフレンド。彼はアフガニスタン人なの」

私はその言葉にハッとして、そして、
あの頃の朝食の時間がフラッシュバックしました。
脳内の奥に刻み込まれた記憶が呼び起こされ、
「危険な、地域の、国の人だ！」とチカチカ点灯をはじめます。
それと同時に、私はもういい大人になっていたので、
「どう会話を始めたら、失礼に当たらないんだろう」と
“大丈夫な話題”を大急ぎで考えはじめました。
笑顔の裏は、プチパニック。
すると、彼の方から**「ハロー、君は日本人なんだろ？」**と、
やさしい笑顔で私に話しかけてくれました。

「知ってる？
日本は僕たちに、２番目に多く支援をしてくれている国なんだ。
いちばんはアメリカだけど、日本は軍事的な支援ではなくて、
食料だったり、学校をつくってくれたり、
ピースフルな支援をたくさんしてくれている。
だから僕らは日本のことが大好きなんだ。本当にありがとう」

彼の話を聞いていると、
心がじんわりと温かくなっていくのを感じました。

「遠い国から来たんだねぇ……」

お土産に持ってきた日本の緑茶を差し入れると、
彼女がさっそくお茶を沸かしてくれました。
彼の方はというと、冷蔵庫の中からタッパを取り出し、
何やら果物のようなものをお皿に出してくれました。

「これ知ってる？ Date っていうんだけど……」
見たことがない茶色い果物です。
私が**「知らない」**と答えると、彼は目を丸くして、
「本当に、遠い国から来たんだねえ……」
しみじみと言われてしまいました。
日本人の私からすれば、彼の方が遠い国の人なのに、
「そうか、彼から見ると私が遠い国の人なんだ」と
当たり前だけれども不思議な感覚に、
なんだかクスッと笑ってしまいました。

Dateは甘くて、ちょっと硬めの干しぶどうみたいな味でした。
「うん、美味しい」
緑茶とDateをつまみながら、私たちはお喋りをはじめました。

彼は難民としてブリュッセルにやってきて、
彼女は難民問題についての雑誌にイラストを描いていて、
それを通して二人は出会ったのだそう。
ちなみに彼の仕事は、アジアンレストランのキッチン。
泊めてもらうお礼に巻き寿司を作る約束をしていたのですが、
彼が突然**「仕事でsushiを握ってるよ」**と言い、
「え！ プロがいるじゃん！」と私が驚き、
思わずみんなで、お腹を抱えて笑ってしまいました。

「時間だから、お祈りをするね」

けれど話の途中で、
彼が突然**「時間だから、今からちょっとお祈りするね」**と、
とても美しいカーペットを広げだしたのです。
そして、ゆっくりと膝をつき、お祈りを始めました。
そう、彼はムスリムだったのです。

生まれて初めて、イスラム教徒がお祈りをする姿を見ました。
真剣な瞳で神に祈り続けるその姿は、とても神秘的でした。

「彼は１日５回、こうやって神様にお祈りを捧げるの。
それに今はラマダン中だから、日中何も食べれないのよ」
彼女に言われて、はっ、と気がつきました。
彼はたしかに、緑茶もDateも口にしていなかったのです。

「まさか、ずっとごはんが食べられない状態が続くの……？」
「いいえ。断食をするのは、日の出から日没まで。
夜中は飲食ができるから、もうちょっとの我慢ね」

「神に近づけたってことだからね」

話を聞いてみると、
ラマダンは全員がしなくてはいけないことではなく、
妊婦さんや病人は、栄養とパワーが必要だから例外だそう。
ただし、老人たちは体力が弱まっていたとしても
ラマダンを実行する必要があって、
それが原因で亡くなってしまうこともあるそうです。

「でも、それは幸せなことなんだ」と彼は言います。
「それは、神に近づけたってことだからね」

お腹が空いた虚ろな目で、そう教えてくれました。

ウォッカボトルに入れた醤油

次の日、私と彼女で、巻き寿司の材料の買い出しへ
スーパーに行きました。

海苔とお米と醤油は、持参。
ちなみに、機内に持ち込める液体の量が限られていたので、
醤油はウォッカの空き瓶に移して持ってきました。
ドイツ人の同居人に**「ちょうどいい入れ物ない？」**と
聞いたら、これを貸してくれたのです。
その発想がおもしろすぎて、ブリュッセルについてすぐ、
彼女にウォッカボトルに入った醤油を見せたのでした。

「最高にクール!!」と、
私たちはまた、お腹を抱えて大笑いしました。

スーパーでは、卵やシーチキン、野菜などを購入。
生魚はこわかったので、買わずに帰宅。
しかし、部屋に戻り冷蔵庫を開けるとマグロとサーモンの
切り身が**「ド〜ン！」**と詰め込まれていました。

「マグロとサーモンは、日本へのお礼」

「え、なんで!?」

驚いていると、空腹で元気が出ずに
ベットで横たわっていたはずの彼が口を開きました。
「働いてるアジアンレストランから、もらってきたんだ。
新鮮な寿司用の魚だから、大丈夫だよ」
「えっ、お店は大丈夫なの？ こんなに大きいの、高くない？」
「大丈夫、大丈夫。日本への、お礼」
そう言って、彼は小さく笑いました。

彼は、私をとおして日本を見て、
私に、日本への感謝の気持ちを伝えてくれたのです。
嬉しさと、
でも、戸惑いで、混乱してしまいました。

私は、ただニュースを見ていただけの人間で、
直接、彼の国に何かをしたわけではありません。

でも、その対象が私でいいの？

現地に赴いて支援物資を運んだわけでもないし、
学校を建設したわけでもありません。
ただ、日本で支払った税金たちが、もしかしたら、
アフガニスタンへの支援に使われたかもしれない。
ただそれだけの、日本人。
彼の感謝の気持ちと行動は、一人の日本人として、
とてもとても嬉しかった。

「でも、その対象が、私でいいの……？」

そんなことを考えていると、彼のスマホが鳴り、
突然、慌てて部屋を出ていってしまいました。
**「兄のお嫁さんが、最近手術をしたばかりなのに
ラマダンをして危険な状態になっているらしい…！
助けに行かなくちゃいけないから……ごめん！」**

**「……仕方ないわね。プロがいなくなってしまったけど、
二人で寿司を作りましょうか」**
彼女と二人で、巻き寿司の準備に取りかかりました。
お寿司を作りながら、
彼女はアフガニスタンという国について話してくれました。
**「彼らはね、家族や仲間をとてもとても大切にするの。
……だから、この魚のことは気にしないで。**

「彼にとって、お礼をあなたにすることは、
日本のみんなにお礼をすることと同じなのよ。
素直に喜んで、美味しいお寿司を作れば、彼も嬉しいわ」
そう言われて、
やっと私は彼の気持ちを受け取ることができました。

「それからね、大変なことがあったとしても、
彼らはみんな前向きでいつも明るいの。
フランス人はストレスがあるとすぐ弱音を言っちゃうけど、
『何がそんなに辛いんだ。家族がいて友達がいて、
仕事があって美味しいごはんがあって、幸せじゃないか』って。
いつも怒られちゃうんだよね」

その話を聞いて、私は２年前、
ドイツ語学校に通っていた時のことを思い出しました。
そこでは、クラスメイトの半分以上がシリア人でした。
彼らも、大変な思いをしてここに来ているはずなのに、
暗い影を見せることはまったくありませんでした。
いつも明るく、前向きで、**「ドイツで仕事に就くんだ」**
「大学に進学するんだ」と、未来の目標を教えてくれました。
そして、難しいドイツ語学習につまずいていた私を、
いつも助け、励ましてくれたのです。

本当に、たくさんの苦労をした人は、
誰よりも、何よりも深いところから、人にやさしい。

ティーカップに醤油を注いで

結局、大皿が二つ埋め尽くされるくらいの
巻き寿司ができ上がりました。
一つにはラップをかけて、ラマダン中の彼のために
「夜中に食べてね」のメモと一緒に冷蔵庫へ。
お腹がペコペコの私たちは、巻き寿司を食べる用意をします。
しかし、醤油を入れる小皿が見つかりません。
すると彼女が、**「ティーカップに入れるのは、どう？
フランススタイルよ！」**と、カップを二つ出してきました。
「最高！」私は、大笑いしながら、
ウォッカボトルの醤油をティーカップに注ぎ入れました。

思った以上に、完璧でした。

私たちは大切な友達になれた

ベルリンに帰る日のフライトは、
朝の７時半でした。
「朝早いからこっそり一人で出て行くよ」と伝えたのに、
二人とも大音量の目覚ましを朝の４時半にセットして、
一緒に、眠い目をこすって起きてくれました。
最寄りの駅まで、歩いて約15分。
この３日間の話を、寝ぼけながらポツポツと話して歩きます。
彼は、夜中にお寿司を食べてくれたようで、
「美味しかった」と教えてくれました。
駅について、チケットを買って、
駅のホームで一緒に待ってくれました。
電車がやってきて、ドアが開きます。
「またね」の挨拶をして、ハグ。

イタリアで私を助けてくれたフランス人の彼女と、
毎朝テレビで見ていたはずのアフガニスタン人の彼、
そして、東の果てからドイツへやって来た日本人の私は、
ベルギーで、たしかに大切な友達になったのでした。

15歳で強制的な旅に出された日から

私の地元は、西伊豆にあるとても小さな限界集落でした。
小学校に上がるとき、唯一の交通手段だったバスが
「採算が取れない」という理由で廃止され、
高校も家から通える距離になかったため、
15歳から親元を離れることが決まっていました。
そして、私たちの世代は、
大人になってもこの集落に戻って生活していくことは
難しいだろうということも……。
中学を卒業してすぐ、私は“第二の居場所”を
見つける旅に強制的に排出されたのです。

そんな小さな世界での暮らしの中で、
大好きだったのは絵を描くことでした。
真っ白の紙と、カラフルな画材と、頭の中の空想だけで、
無限大に遊べることは最高の贅沢だったのです。

もう一つ好きだったことは、家から歩いて１分の海から、
富士山と海の向こうの世界を想像すること。
海の向こうから流れ着いてくるゴミは、
私にとっては珍しいものばかりで、岩場で宝探しをしながら、
外の世界に憧れていた幼少期でした。

小さな限界集落を出て、ここまで

高校に入学して、
カルチャーショックを受けたことは数知れず。

最大の恐怖は電車でした。
乗り方は一生懸命覚えたけれど、自動改札機が怖くて、
駅員さんがいる通路しか通れませんでした。
一方で、徒歩３分でコンビニがあって、
自分で好きな時にポテトチップスが買える下宿生活に、
ただただ感動していました。
16歳の人生に、普通の人のたくさんの“当たり前”が、
ジェットコースターのような波に乗って、
ものすごい勢いで押し寄せてきたのです。

憧れは、手の届く距離にあった

そして今、私はドイツで暮らしています。
大好きだった絵を武器にイラストレーターとライターとして。

ドイツで、ヨーロッパで、さまざまな国で経験した
カルチャーショックは、
16歳の時に押し寄せてきた波を遥かに超えた、
ものすごい衝撃でした。
日本という国は、世界地図で見るとまるで私の地元のように
小さな世界だったということを思い知ったのです。

あの日、自動改札機を怖がっていた16歳の少女は、
十数年後、飛行機に乗って一人で海外へ行き、
暮らし、働き、大切な友達を作れるまでになりました。

憧れの世界は、
ちゃんと私たちの手の届く距離にあったのでした。

世界一周／一人旅

Around the World

自分の夢の
果てしない大きさを
思い知った旅

18

地獄の門の向こうにのぼる朝日と桃源郷で飲んだチャイ

廣瀬友紀（22歳）／大学生

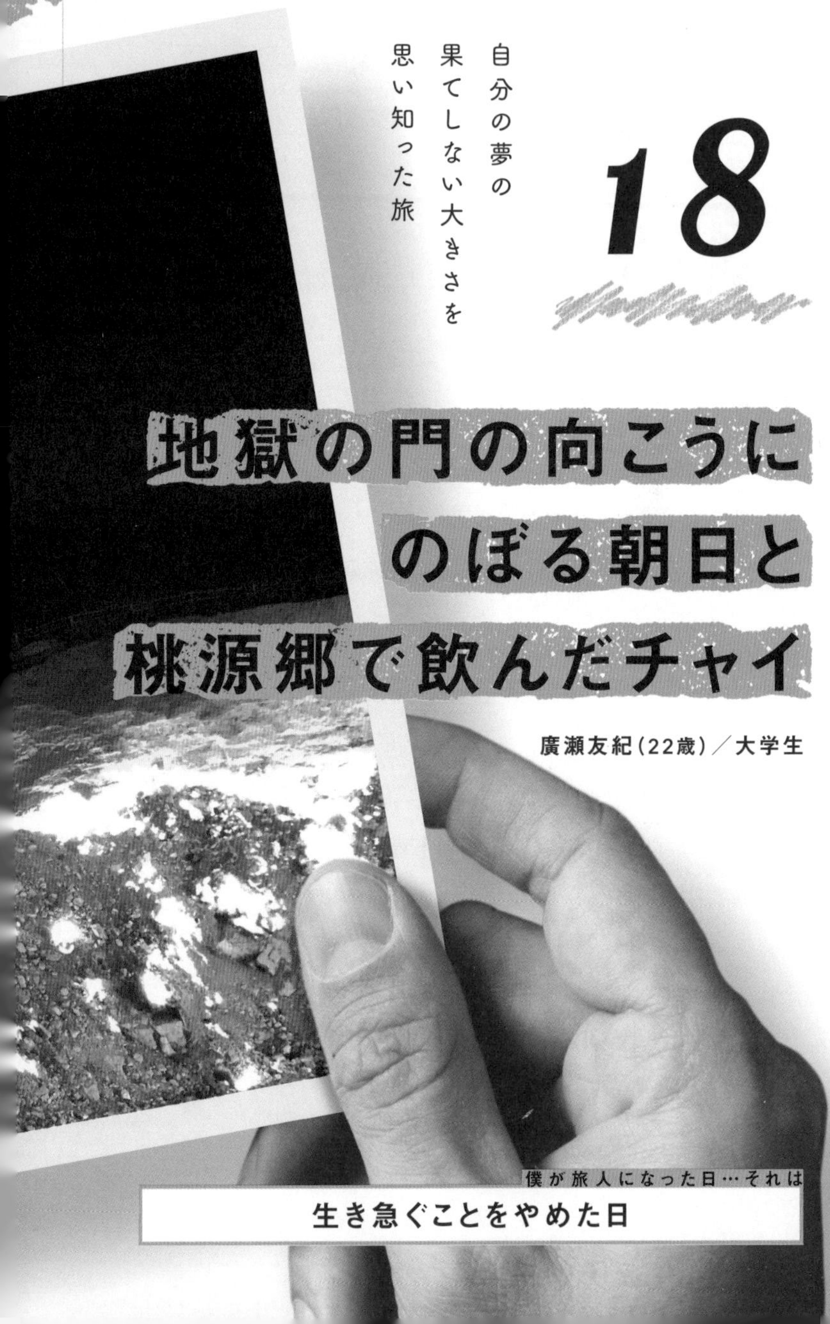

僕が旅人になった日…それは

生き急ぐことをやめた日

“世界一周”の経験を携えた就活

大学５年、６月。

駅近くのカフェには、
砂糖の山にたかる黒蟻のような大学生の列が見られる。
僕もその列を成す１匹だった。

大学を休学して10か月、35か国の旅。
日本に帰ってきた僕は、
まるで何事もなかったかのようにバックパックをおろし、
いわゆる“世界一周”の経験だけを携えて面接に向かった。

「結果は合否にかかわらず６月中に連絡します」

そう言って、何事もなかったかのように
２週間、３週間と時間が過ぎて、何社かに祈られた。
結局、良い結果は来ず、最後の１社を待つのみとなっていた。
迎えた６月最後の平日、
十中八九、僕は今日、祈られるだろう。

大学から帰ってきて小さな部屋のベッドに腰を下ろすと、
壁一面に貼られた20枚の写真が目に入る。
10か月の旅の一瞬を切り取った20枚。
５列に並んだ写真から写真へ、目を移していく。

ボリビアの塩湖、モロッコの路地裏

いちばん左の列。

ボリビア、雨季のウユニ塩湖。

モロッコ、エッサウィラのホテルの窓に切り取られた大西洋。

タジキスタン、山上の遺跡から見下ろすワハーン回廊。

トルコ、イスタンブールの旧市街に沈む夕日。

左から２番目。

モロッコ、マラケシュの路地裏のランプ店街。

チェコ、ブルタバ川に架かるレギオン橋を往くトラム。

パキスタン、アタバード湖に浮かぶ小さな舟。

タイ、チュンポンの港から一直線に延びる桟橋。

キルギスの遊牧民、ペルーの大河

中央。

チリ、アタカマ砂漠と太平洋の狭間を縫うドライブウェイ。

パキスタン、旅人最後の桃源郷フンザ。

スペイン、地平線へと進む３人の巡礼者。

ペルー、アンデスの独立峰コロプナ山。

右から２番目。

キルギス、山間に佇む遊牧民のテント。

インド、路地の先に不意に現れるガンジス。

パキスタン、パスーの秀峰を背に駆けるバス。

ブルガリア、リラの修道院を飾るフレスコ画。

いちばん右。

スペイン、聖地サンティアゴ・デ・コンポステーラの大聖堂。

ペルー、大河アマゾンを下るハンモック船。

パキスタン、最果ての村ファンダー。

トルクメニスタン、地獄の門の向こうに昇る朝日。

長い間憧れた景色、偶然現れた景色、旅の定番の景色、
大変な苦労をして訪れた景色、
その１枚１枚に、壁に飾られる理由がある。

秘境に徒歩で現れたアジア人青年

右下の角、トルクメニスタン、地獄の門の向こうに昇る朝日。

砂漠に伸びる一本道から横に逸れ、歩くこと幾ばく、
砂丘の向こうから吹く風に鼻が違和感を覚える。
次は肌、ただでさえ暑い砂漠の空気がさらに熱くなる。
あの向こうにお目当ての景色があることは間違いない。
足が速くなり、息が荒くなる。
砂丘の上に立つと、眼下に異様な穴が見える。
地獄の門だ。ついにこの秘境にたどり着いた。
大地にぽっかりと口を開ける大穴。
そこから地中の天然ガスが噴出し、燃え続けている。

近くに車で来たヨーロッパ人がいて、手招きをしている。
秘境に突然徒歩で現れた一人のアジア人青年は、
ちょっとしたヒーローになった。
「苦労して来たからこそ、この景色を目一杯感じられるんだ」
共に夕食を楽しむ彼らにそんなことを言いつつも、
心の内では、来れるものなら自分だって車で来たいと
思っていた。

食事が終わり、穴の近くで野宿の準備をする。
彼らは車で寝泊まりしていた。
一方、僕は石を除けた地面に薄いマットを敷いただけ。
「星がきれいに見えるよ」
空元気もいいところだ。
寝心地はそこまで悪くなかったが、寒さには耐えられない。
砂漠の夜は、凍える。
じっとしていられず、夜が明ける前についには起き上がって、
薄暗い世界を一人歩きはじめる。

しばらく歩き、砂丘の上に立った時だった。
穴のはるか向こう、東の空が明るくなり、
地平線から太陽が顔を出しはじめた。
信じられない景色だった。
生まれて初めて見る、砂漠の地平線から昇る、壮大な太陽。
ここまでの苦労と言い尽くせない偶然の興奮に、涙が出た。
車で眠る彼らにもこの景色を見せようと思ったが、
どうしても足が動かなかった。
ひと時も、昇る朝日を見逃したくなかった。

夢を叶えながら、飲んだチャイ

中央上から２番目、パキスタン、旅人最後の桃源郷フンザ。

“風の谷”、“不老長寿の里”、“旅人最後の桃源郷”。
そう呼ばれる谷を抱く山、ディラン。
ここに挑んだ登山隊の小説を読んで以来、
自分の目で見たい、と切に願っていた場所。

険しく、乾いた山の間を流れる川沿いに狭い緑。
そこに村々が連なり、人々の素朴な生活がある。
空には万年雪をたたえた名峰が輝きを放ち、
「天国とはこの土地のことを指すのではないだろうか」と
錯覚を覚える。

薄い空気の中、ディランのベースキャンプを目指して、
斜面を必死に登り、最後の尾根を越えた途端に視界が開ける。
そこに見えるのは、あの登山隊も見た、
天をこすらんばかりの『白きたおやかな峰』。
吹き降ろす冷たい風、流れ出る氷河の軋み、
雪崩の轟音、その中で日本から持ってきた本を開く。
ささやかな夢が叶った。

キャンプ地にいたパキスタン人のおじさんに、
チャイをご馳走になった。
パキスタンでは一日に何度もこうしたことが起こるが、
ここで飲んだチャイは格別だった。
淹れたばかりのチャイを
冷ましながら周りを見渡し、
僕は思わず日本語でつぶやく。
「なんて美しい世界なんだ」

何の含みもなく、ただ美しいと思い、ただ口から漏れた言葉。
チャイを一口啜り、おじさんも微笑む。
「Yeah, so beautiful.」 なんとなく、伝わったらしい。

目に映る、耳に入る、肌に触れる、
そこに存在するすべてが美しかった。

理由を探しながら歩いたカミーノ

中央下から２番目、スペイン、地平線へと進む３人の巡礼者。

「Hey! ユウキ！ いい写真が撮れたぞ！」
そう言って韓国人の仲間が見せてくれた画面には、
小さな僕とそれを挟んで歩くドイツ人の兄弟、
３人の後ろ姿が写っていた。
朝から降り続いた雨が止んで晴れ間が差した。

丘の向こうへと続く一本道、
赤茶けたスペインらしい土と
雨に洗われた青い空。
その名もなき絶景に
足を止め、感嘆の声を
上げた。

その瞬間の写真。

キリスト教の聖地を目指す900kmの巡礼路、
人はそれを“カミーノ”と呼んでいる。
様々な国、背景を持つ人たちが交わる。
ひたすらに歩く巡礼者の背中には、それぞれの想いがある。

人は聞く。
「君はどうしてカミーノを歩いているんだい？」
僕は答える。
「わからないんだ。理由なら今探してるところさ。
きっとこの道のどこかにあると思うから」
ドイツ人の兄弟は聞く。
「どうしてお前は旅をするんだ？」
僕は答える。
「旅がしたかったんだ。それだけだよ」

彼らは言う。

「それはいいな。俺たちもそうさ。

でも、この生き方を理解できない友人もいる。

みんな大学を出て何十年も同じ場所で働くだけだ。

俺たちは思う、それは本当にお前の人生か？」

オーストラリア人のおばさんは聞く。

「今日はあの兄弟と一緒に歩かないの？」

僕は答える。

「彼らは歩くのが早いんだ。僕は僕のペースで歩くよ」

おばさんは言う。

「それがいいわ。カミーノはね、競争じゃないの」

「旅を終えたら、どうするつもり？」

台湾人の女の子は聞く。

「旅を終えたらどうするつもり？」

僕は答える。

「まずは大学を卒業する。その後はわからない。

でもきっと自分の深いどこかでは、

もうどうしたいか決まってるんだ。

僕はカミーノを歩きながら、自分の中も歩いているみたいだ」

彼女は言う。

「素敵なこと言うのね。

歩き終えたら、きっとなりたい君になれるよ」

巡礼最後の地ムシアの宿で、ウクライナ人の学生は聞く。

「どうだい？ カミーノを終えた気分は」

僕は答える。

「歩く理由を探し続けてきた。

でも、結局この道のどこにも歩く理由は落ちていなかったよ。

何のために歩いてるかはわからない。

それでも、僕の前にも後ろにも道はあるんだ。

だったら前に進んだ方が楽しいだろ。

そう自分を励まして歩いてきた。その道もここでもう終わりさ」

彼は言う。

「あぁ、カミーノは終わりだね。でも、いつどこにいたって、

その二つの道はある。君の向いてる方が前じゃないか」

「旅に出て、何か変わりましたか？」

「あなたはその旅の経験から何を得ましたか？」

「何か学びましたか？」「何か変わりましたか？」

面接で、決まってこう聞かれた。

「楽しかったです」

僕は決まってこう答えた。

たしかに度胸もついたし、大きな声で話せるようになったし、

人にやさしくなったし、笑顔を向けられるようになったし、

言いたいことも言えるようになったし、

もっと勉強したいとも思えた。

それでも、もっともらしいことを答える前に
僕は言いたかった。

「楽しかったです」

これが本音だ。毎日が本当に楽しかった。
僕はただ旅がしたかった。だから旅をした。
それだけでよかった。学んだこと、得たこと、変わったこと。
そんな取ってつけたようなことはどうでもよかった。

世界はたった1年じゃ満足できない

旅をして学んだこと。
強いて言うなら、
子どもの頃から見続けていた世界中を旅するという夢は、
あまりに大きく、世界はそれ以上に果てしないということ、
それだけはわかった。

10か月の旅をした。35か国を訪れた。
でも時間もなかったし、お金もなかった。
大学生が用意できる１年の休学期間と120万円の資金で
周れるほど、世界は小さくなかった。
これだけで満足できるほど、夢は空虚なものではなかった。
まだまだ世界は広い。憧れ、行きたいと願う場所がある。
信仰の対象、目指すべき聖地がある。

向かっていく、この道が前なんだ

土地を離れるたびに思っていた。

「またここに戻って来よう」

どこかを諦めるたびに思っていた。

「またいつか来よう」

部屋の写真を見るたびに思っていた。

「また僕は行かなければならない」

また旅に出たい。まだ夢は叶っていない。

自分の中を歩き続けていた。

日本を出たあの日からいつも自分に問いかけていた。

「なりたかった自分はなんだ？」

今ならわかる。僕は旅人になりたかった。

「就職する。それは僕の人生か？」

やりたいことを我慢して生き急いだって、

いったい何だってんだ。

僕は旅人になりたかった。

そうだ、それだ。向かっていくこの道が前なんだ。

それでいいじゃないか。

旅人になった日。

その日届いたメールを、僕はまだ開いていない。

6 Juin 1894
le budget

Kyrgyzstan

地球をフルに使う人生の可能性を知った旅

19

旅人のレールを脱線してロバを買って大冒険

中村雅人（26歳）／会社員

僕が旅人になった日…それは

お金を稼ぐことをやめた日

年収1000万円を目指した新社会人

「キミも1000万円プレーヤーになれる！」

そんなフレーズを信じて、**「まずは思いっきり稼いでみよう！」**
と、僕の社会人生活はスタートした。
大学時代から旅は好きだった。
だけど、**「世界より先に日本の社会を旅してみたい」**と思った。

給料は歩合制。営業成績によって金額は毎月変わる。
テレアポや訪問営業、とにかく働くことに懸命だった１年目。
その年の成績は会社でビリだった。
月末になると口座残高は数百円、毎日牛丼を食べる日々。
でも、**「絶対にいちばんになるんだ」**と、
辞めていく同期を見送りながら、やり続けた。

１年半が経った頃、ついにいちばんになり、
月給が200万円になった。
そして本当に、年収1000万円プレーヤーになってしまった。
だけど、口座に大金が入っても使い道は変わらなかった。
好きなグミは２日に１回しか買わなかったし、
結局、無料で味噌汁がついてくる松屋で牛丼を食べていた。
増えた贅沢といえば、スタバに行けるようになったくらい。

今の僕にこれ以上のお金は必要なかった。

僕は、お金の使い道をずっと考えていた。

「働くって何だろう？ お金って何だろう？」

「死ぬ時にやらなかったら後悔することは何だろう？」

考えた時に、すぐ閃いたのが“世界一周”だった。

「よし！ 世界一周をしてお金を使い切ろう!!」

お金を貯めるスキルよりも、

０から何かを生み出せる知恵を学びたいと決意して、

会社を辞めて世界一周に旅立つことにした。

何の肩書きもない自分が怖くなった

辞めることを社長に伝えるのは、本当に辛かった。

一方的な僕の話を**「うん」「うん」**と静かに聞いてくれる。

そして、最後にこう聞かれた。

「本気なんだな？」「はい」「本当に本気なんだな？」「はい」

「わかりました。本気なら、しょうがありませんね」

その言葉が、とても重かった。

４月30日、退職した日のことは今でも覚えている。

送別会のあと、終電に飛び乗り、ふと思った。

「あれ、俺は何者なんだ？ 自分のことなんて言えばいいんだ？」

今までは○○会社の自分だったのに、肩書きがなくなった。

僕はもう、社会の中にいない。

気づいた途端、自由よりも怖さの方が大きくなった。

世界一過酷なマラソンの先を見たくて

僕には旅のテーマがあった。

「とことん、やったことのないことに挑戦したい」

トマト投げ祭り、牛追い祭り、インドの奇祭ホーリー。

……そして、世界一過酷と言われる"サハラマラソン"。

最高気温55℃の砂漠を１週間かけて、約250km。

水分だけは補給してもらえるけれど、

それ以外の荷物はすべて背負って走るウルトラマラソン。

バックパックには、７日分の食料、医療道具、コンパス、

サソリ用の毒抜きポンプなど合計15kgが詰まっている。

その上にまだ寝袋とマットを載せ、

夜になれば、頭にヘッドライトをつけてまで走る。

「そんなわけわからないマラソンを走ったあとに、

自分が何を感じるのか知りたい！」

そう思って、約50万円もの大金を参加費として支払った。

スタート前夜、出発地点には世界中からランナーが集まり、

最後の晩餐が開催された。

明日からはもう食べられない、温かい食事と冷たいコーラ。

翌朝、健康診断と荷物チェックを受け、

世界でいちばん過酷なレースは始まった。

それは、朝日と一緒に目覚め、走り、日没とともに眠る日々。
ただ……その過酷さは想像を絶していた。

照りつける太陽、焼けるように熱い地面。
走って１時間で**「一生、砂漠じゃん」**って言葉が口から漏れる。
１歩進むだけでも足をとられる、柔らかい砂。
そして、肝心のコンパスの使い方がわからない。
３時間が過ぎた頃、僕は**「間違った」**と気づいた。
いくら歩いても何もない。
まばらにあった誰かの足跡さえなくなった。
遠くの方では非常用煙筒が打ち上がっている……。
誰かが救援を求めている……水がなくなったのか？

絶望は、勝手に自分の心が生み出した

２日目、３日目。
熱中症、脱水症状、リタイアするランナーが増えていく。
足の皮はめくれ、爪が剥がれ、水膨れが破れ、
それでもキラーペイン（痛み止め）をもらい、なお走る。
４日目は、夜のレース。
暗闇で先が見えない。
突然、**「ボンジューーールッッ！」**と大声を張り上げながら、
草むらから現地の子どもが飛び出してきた。
前を走るランナーが**「ヴワァァァ〜！」**と悲鳴を上げる。
思わず吹き出してしまった……一瞬のリラックスタイム。
５日目。
一度止まれば、もう動けなくなってしまう気がした。
みんなの姿が見えなくなり、リタイアの４文字が頭をよぎる。
今まではなんとか乗り越えてきたのに。
「"絶望"って、与えられた環境そのものじゃなくて、
勝手に自分が心の中に生み出すものなのか……」

もはや自分で足を動かしている感覚はなく、
体はまるでネジを巻かれた人形のように進んでいる。

無になったまま走り続け、ふと顔を上げると、
そこには先で待っていてくれた仲間たちの姿があった。
「もう少し！」声をかけられ、エナジーゼリーをもらう。
うしろから、大会委員の４WD車が走ってくる音もする。
「君はどんな音楽が好きだい？」
「曲をかけて励ましてくれるのか？」
絞り出して言ったのは**「Born To Be Wild」**
「オッケー！」……「ごめん、なかった！」「ないのかよ！」
でも、そんなやりとりのおかげで足が軽くなっていく。

ドベなのに、誰よりも輝けた瞬間

チェックポイントに近づいていく……やけに人が多い。
そして、ゴールを目の前にした瞬間、目を疑った。
僕より先に走り終えた選手が待っていてくれたのだ！
何百人というみんなからの、笑顔と、拍手と、言葉の数々。
「よくやった！」「頑張った！」「最高だ！」
……なんだこれ、心が、体が、温かい！

実は僕はラストランナー、つまり５日目の最下位だった。
ドベなのに、誰よりも輝いた瞬間。

そのあとの２日間もなんとか乗り越え、
僕はなんと世界２位でゴールした……下から数えてだけど。

挑戦した分だけ、限界は遠くなった

そして、おもしろい感覚はそのあとに訪れた。
１週間後、ドイツにいた僕は、
たまたまそこで開催されたフルマラソンに参加した。
すると、スタート地点に立った瞬間に
「よし！ もうすぐゴールだ！」と思ったのだ。
サハラならたった１日の距離、荷物だって背負わなくていい。
「あれ？ 一瞬じゃないか」って。
挑戦していく分だけ、自分の常識や限界は広がり、
世界はどんどんおもしろくなっていくことを僕は知った。

でも、旅を続けて1年が経った頃、ある不安がよぎった。
イタリアで本場のピザを食べたり、
スペインでサグラダファミリを見たり、
「やりたい！」と思ったことはどんどん実現していた。
なのに、どんなに美味しいものを食べても絶景を見ても、
サハラマラソンを走り終えたあとに飲んだ
コーラの感動を超えることができなかったのだ。
「あれを超える感動を得るには……」

僕にできることは、旅の行き先を変えることではなく、
とんでもない何かにチャレンジすることだった。
そしてその機会は、中央アジアのキルギスという国で訪れた。

「ロバと旅なんてロマンじゃん！」

「ロバを買えるらしい」

その噂を耳にした瞬間、ワクワクが止まらなかった。
「ロバと旅なんてロマンじゃん！」
そして、キルギスへと飛んだ。
「あれでもロバってどうやって買うんだっけ？」
僕はまず、**「ロバを買いたい」**というキルギス語だけ覚え、
アニマルマーケットを訪れた。
馬、羊、牛はいる。ただ、ロバだけは見当たらない。
どうやらロバの需要はないらしい……。

諦めたかけたその瞬間、
「ロバ持ってるやつ知ってるぜ！」というおじさんが現れた！
そして、その人がいる村まで連れていってもらった。

村の名前は、キチケミン村。
観光地からほど遠い、田舎の小さな村だった。
そして、そのさらに裏の山小屋にロバを飼っている人がいた。
「おじさん！ ロバ欲しい！ いくらで売ってくれる!?」
噂では10万円くらい。でも、言われた額は５千ソム！
（なんと日本円で約１万円）**「安い！ これなら買える！」**
そこからさらに交渉して、９千円で譲ってもらえた。

ついにロバが手に入り、僕は着々と旅の準備を進めた。
食料やテントをどっさりと、ロバの背中に積んでいく。

「よし！ サハラを超える300km先を目指そう！」

漫画のような冒険にワクワクしながら、歩きはじめて２時間。
……が、進んだ距離はたったの50mほどだった。
ロバが座り込んで、岩のように動かなくなってしまったのだ。

「ヤバイ！」……そこは灼熱の日差しの下。
ロバよりも先に僕が倒れてしまいそうだった。
一旦ロバを置いて村に戻り、水を飲んで生き返った。
それから急いでロバのいる場所に戻ると、
姿がない……なんと、その場から逃げられていた。
しかも、僕の旅の荷物のほとんどと一緒に。
その日も次の日も探したけど、結局ロバは見つからなかった。

「おまえは今日からこの家の長男だ」

荷物をなくし、パスポートと少しのお金しかない僕は、
とぼとぼとあてもなく村をさまよっていた。

「来い来い！」
突然、見知らぬおばちゃんに声をかけられ、
そのまま６畳一間ほどしかない、小さな家に誘われた。
そこには、７人兄弟の子どもたちがいた。
「おまえは今日からこの家の長男だ！」
おばちゃんにそう言われて、僕はそこに住みはじめた。

ロバに逃げられた僕を慰めてくれようとしているのか、
子どもたちは**「マサト！ ガーオ！ クロコダイル！」**と叫びながら、
池に連れていってくれたり、花を摘んで渡してくれた。

全部「ない」ようで「ある」生活

ダンボールを丸めたものでサッカーをしたり、
お風呂は桶だけだったり、
日本だと“足りない”と思ってしまうことも、楽しかった。

子どもが７人もいれば役割はたくさんあって、
料理、牛に餌をあげる、洗濯、掃除……、僕はというと、
毎朝、ジャスミンと一緒に井戸へ水を汲みにいった。
昼間は元気すぎる子どもたちと遊ぶのが僕の任務で、
たまにお母さんとパンを作って、ハエを家から追い出した。

ここでの生活は、全部ないようで全部ある暮らしだった。

そして、思いもよらぬハッピーエンドも待っていた。
村中にロバをなくした外人がいるという話が広まり、
５日後にロバが見つかったのだ！

しかし、飛行機の予定が迫っていた僕は、
助けてくれた家族にロバを預け、村を去ることにした。

キチケミン村への心残り

村から離れて、僕は旅を再開した。

キルギスの首都に戻ると、同じ国のはずなのに、
すごく遠いところにいた気分がする。
久しぶりに“お金”というものも使ってみた。
欲しいものが何でも買える。
アップルパイ=100円。高いか安いかよくわからない。
イチゴ１kg＝90円。これは安いと思う。
ふと思った。
「あの家族は、このイチゴ買えないのかな？」
そういえば、彼女らがごはん以外に
お菓子や果物を食べているのを見たことがなかった。

そして、家族へのある心残りがチクっと僕の胸を刺した。
それは、キチケミン村を離れる前日のことだった。

「アイスクリームなんか、いらない」

子どもたちとバツゲームをしていると、ナスグルが言った。

「マサト！ 次負けたらアイス買ってほしい！」
「(子どもだもん。やっぱり食べたいよね) …わかった！ いいよ」
家族にとって、お金はすごく大切なもの。
だから、子どもたちはよく我慢をしていたと思う。

一応お母さんに報告すると、
「マサト、お金持ってるの？」と聞かれた。
「うん。少しね」すると、お母さんはこう続けた。
「マサト！ 小麦粉が欲しいんだよ！」
「いくらなの？」
「小さいので500ソム、大きいのは1000ソム」
今の僕にとっては、けっこう高い。
日本なら千円くらいか……。考えていると、
子どもたちが**「アイス！ アイス！」**と僕の腕を引っ張った。
「お母さんちょっと待ってて！」
僕は子どもたちとアイスを買いに行った。

そのとき、うしろから長女のアーリアが走ってきた。
「アイス！ ノー！」「マサト！ アイス！ ノー！」

えっ？ なんで？

アーリアは言った。

「アイスよりも、少しでもいいから

お母さんにお金をあげて」

彼女はすごく真剣だった。

僕を呼んだのはお金が欲しいから？

忘れもしない、僕と初めて会った日に彼女が言ったこと。

英語の辞書を片手に寄ってきて、こう言った。

「マサト！ 子どもたちの教育費を少しくれない？」

その時は、僕も断った。

実際ロバに逃げられて、本当にお金はほとんどなかったし、

出会ってすぐに言われた時は、思ったりもした。

「もしかして僕を呼んだのはお金が欲しいからなのか」って。

でも、泊まってみると、

お金が欲しいとお願いしてくることは一切なかった。

そして今、また。アーリアは本気なんだなってわかった。

この子は本当に、いつもいつも家族想いだったから。

僕は言った。
「うん、わかった！ お母さんにお金を渡すよ。
でも、アイスも買おう。アーリアもみんなと一緒に食べよう！」

彼女は満面の笑みだった。
そして僕は家に帰り、お母さんに500ソムを渡した。
ただ、今ものすごく後悔している。
なんであの時、1000ソム渡さなかったんだって。

「いったい、僕は何をケチったんだろう？」
みんなからたくさんの幸せをもらったのに。
お金に執着していたのは、僕の方だったのかもしれない。
僕にはまだ、しなきゃいけないことがあった。
手持ちのキルギスのお金を全部持って、
急いでマーケットに走った。
小麦粉と、子どもたちのためにバック一杯お菓子も買った。
ついでに、家族と撮った集合写真も現像した。

この世界に大好きな家族が増えた

再びキチケミン村へ。

降りた瞬間、**「バイケーイ！（お兄ちゃん）」**と
子どもたちが駆け寄ってきた。
帰ってきた理由も聞かない。
ベクトル**「何して遊ぶ？」**ナスグル**「サッカーしよう！」**
アーリア**「バイケーイ！ 会いたかったー！」**
みんなそれぞれ叫んでいる。
「今日は渡したいものがあるんだ。みんなで食べてね」
「やったーーー！」歓声の声が響きわたる。
「今日も泊まってよ！」でも、飛行機はもう明日だった。

「ごめんね。すぐ帰らなきゃいけないんだ」
お母さんの姿が見える。現像してきた写真をプレゼントした。
「マサトー！」と抱きしめてくれた。
そして写真を見ながら、
「これが新しい家族だよ」と言ってくれた。
この世界に、大好きな家族が一つ増えた。
お母さんは、**「ごはんだけは食べていきなさい！」**と言い、
すぐに作ってくれた。
いつもどおり、パンとサラダとジャムとアイラン
（ヨーグルト）が出てきた。
僕は、お母さんが作るこのアイランが大好きだった。

ずっとレールの上を旅していたんだ

想像もしていなかった場所で暮らした僕は、ふと思った。

「そうだ！ これが本当の旅なんだ！」

よく、**「社会のレールに乗りたくなくて旅に出た」**って聞く。

僕だって、世界一周に出るだけで自由になったと思っていた。

でも、それは間違いだった。

いくら有名な観光地を巡ったり、美味しいものを食べたって、

それだってきっと、

昔の旅人が作ったレールに乗っかっていただけだった。

「本当の旅って、目の前に道がなくても、

やりたいと思った方へ、自分で道を作っていくことなんだ！」

それができるなら、日本にいたって、世界中どこにいたって、

旅するように生きていられる。

そう思った瞬間、僕は自分が本当の旅人になった気がした。

地球の周囲4万kmをフルに使って！

そのあとも合計２年半、103か国の旅を続けた。
帰国前日。**「あれ？」**
朝起きると、腕のミサンガが切れて枕元に落ちていた。

旅を終えたあと、僕は**「世界一周学校」**と名づけた
キャンピングカーを走らせながら生きている。

自分がドキドキする方向へ旅するかぎり、
僕は何でも生み出すことができると知った。
そして同時に、**「誰かの喜びになりたい」**という気持ちは、
僕に湧き水のようなエネルギーをくれると知った。
それは、**「怒られるからやる」「お金が不安だからやる」**
といった、**「やらなきゃいけない」**から生まれるパワーとは、
桁違いの大きさだった。
そうわかったとき、僕は生きることへの不安がなくなった。

正解ではなく挑戦を。
生まれながら持ち育くんだ好奇心というコンパスを捨てずに。
今の自分が描ける最大のチャレンジを。
半径10mではなく、地球の周囲４万kmをフルに使って。
自分の世界を最大限広げて、いちばんやりたいことをする！

そのためのツールが“旅”なんだと思う。

チリ-日本／帰国子女
Chile-Japan
CLASS OF
2009

20

多様性とは何か
その答えを
見つけた旅

チリ育ちの私にとって日本へ行くことが「旅」だった

末冨祥予（29歳）／デザイナー

私が旅人になった日…それは

どこで生きるかを探しはじめた日

日本語とスペイン語と英語と

私にとっての旅は、日本へ行くことだった。

親の仕事で家族ごと南米チリにやってきた私は、
１歳の頃からスペイン語を聞きながら育った。

複数の文化が混ざる生活。
家にはコタツもあったし、テレビにはNHKが流れていた。
バザーで買ったDVDで、日本のアニメやドラマも
よく見ていたし、よく聞く音楽もJ-POP。
料理上手な母は美味しい日本食を作ってくれるうえに、
納豆や味噌、カレーパンまで手作りをしてくれて、
家にいると、ここがチリだとはあまり感じない。
けれど、一歩家を出たらチリ人ばかりだ。
家では日本語を話し、
街に出るとスペイン語、学校では英語を使う。

中学生になると、インターナショナルスクールに通った。
約80人もいるクラスには、
アジア、ヨーロッパ、南米、アフリカと
いろんな国の子どもが来ていた。
日本と違って先生の教室があり、生徒が授業ごとに移動する。
休み時間はだいたい10分。
売店にはパンやお菓子があって、みんな自由に買っていい。

もちろん、授業中に食べるのは基本的にNGだけれど、
先生がりんごをかじっていることもあった。

お弁当ひとつとっても、全然違う

お昼休みは、半分くらいの生徒がカフェテリアで食べ、
ほかのみんなはお弁当を持ってきていた。

私は、お母さんが作ってくれる日本食のお弁当。
韓国や中国の友達も、母国の家庭料理。
チリの友達は、シンプルなマカロニやサンドイッチ。
オランダ人の友達は、毎日パンとにんじんスティック。
「お母さんがこれしか作ってくれないの」
笑いながら、ポリポリにんじんをかじっていた。

みんなからは、色とりどりの日本のお弁当は魅力的らしく、
「売ってほしい」と言われたりもした。
「ラッキー」と思いながら、私はもらったお金で、
チーズ入りのエンパナーダ（揚げたパイ）を買って食べた。

お弁当ひとつとっても、これだけの違いがあった。

Diversity＝多様性

学校では、たびたび**「Diversity」**という言葉が使われた。
最近こそ、日本でも聞くようになった単語だけれど、
13歳の頃から、私はずっとこの言葉の中で生きてきた。

授業では頻繁にプレゼンテーションをする機会があり、
各々の意見や考えを伝える場が多くあった。
つまり違いを受け入れる、という授業もあれば、
"SPIRIT WEEK"と呼ばれる、共通のテーマに合わせた格好で
登校するイベントもあった。
パジャマデーや80sデー、キャラクターデー……。
いろんな格好で学校に来て、そのまま授業を受ける日。
国や文化が混じり合うことを純粋に楽しめる時間だった。

ある日、**「モーガンとパブロが付き合ってる」**と噂を聞き、
お昼休みに二人の姿を見かけたら、
昨日まで友達だった二人が嬉しそうに何度もキスしていた。

みんなが通る階段で、
仲良さそうにくっついてる二人を見るのは照れくさかった。

チリでは、挨拶の時に頬にキスをする習慣がある。
家族でハグをすることも多いし、愛情表現が豊かな国だ。
“好き”という気持ちを目一杯伝える。
日常的に**「Te Amo（大好きだよ）」**と家族や恋人に伝えたり、
愛おしい相手のことを**「Mi Amor（私の大好きな人）」**と呼ぶ。
「Mi Amor, tienes hambre?」（私の大好きなあなたはお腹すいてる？）
なんていうように。
訳すとなんだか笑えてしまうけれど、チリでは当たり前。
むしろ日々、“好きだ”と伝えられるのは、
すごく素敵なことだと思う。

プリクラ、コンビニ、ゲームセンター

日本には、２年に一度、夏に２か月ほど帰国していた。
だから私にとっては、日本へ行くことが"旅"だった。

東京のホテルに数日泊まって、
あとは父の祖父母が暮らす山口県で過ごす。
海のそばの町は、
私が暮らすサンチャゴに比べて、ずっとずっと田舎だった。
（サンチャゴはチリの首都だから、東京みたいなビルでいっぱいだ）
家族で海水浴によく行った。
チリの海は、夏でも冷たい。
温かい海が嬉しくて、日焼けで真っ黒になるまで遊んだ。

ゲームセンターも楽しかった。
おばあちゃんに**「お金ちょうだい」**とおねだりして、
UFOキャッチャーで遊ぶのが嬉しかった。
チリでもお小遣いはもらっていたけれど、使わずに、
大事に貯めたお金でポケモンカードや文房具を買った。
日本のおもちゃ屋さんには、欲しいものが山ほどあった。

東京では、原宿へ連れていってもらったりした。
いつもくれる手紙に入っていたプリクラがうらやましくて、
ここぞとばかりにたくさん撮った。

コンビニに行くのも好きだった。

お菓子も、デザートも、カップ麺も何でもそろっている。

「このお菓子食べたい！ あとアイスとプリンも〜！」と言って、

ぽんぽん母が持つカゴに入れていた。

「日本に来るのは２年に一度だけだから」と、

母も叱ることなく、好きなだけ買ってくれた。

遊んで、食べて、出かけて。

ひたすらに楽しい一時帰国の最後は、

スーパーで、カート四つ分くらい日本食を買ってチリへ戻る。

そしてまた、いつもの生活が続いた。

日本人だから、日本を知りたかった

高校３年生になる頃には、進路を決める必要があった。

チリの大学へ進む人が半分、

母国やアメリカの大学へ行く子たちが半分くらい。

その中で、私は日本の大学に行くことにした。

インターナショナルスクールで、たくさんのことを知った。

日本やチリ以外の国にも興味を持った。

けれども、私は私できっちり“日本人である”と感じていた。

日本人である以上、そこで暮らしてみたかった。

日本をもっと知りたくて、日本の美大を受験した。

卒業式には、着物を来て出席した。

友達から**「素敵だね」**と何度も言われた。

トイレは一緒に行かなきゃいけない？

日本では、先に日本で生活していた兄と二人暮らしだった。
荻窪にあるアパート。
チリは6月の卒業だったから、7月に日本に来てからは、
冬の受験まで新宿にある美術予備校に通った。
必然的に、同級生より1年遅い入学になった。

今まで、私が知っている日本人は、
チリで出会った人たちだけだった。
だから、18歳にして初めて日本で生まれ育った人たちと
話すことに、最初はすごくビビっていた。
私が知っている情報は、
すべてドラマや漫画から得たものだったからだ。

・「トイレは一緒に行く」
・「お互いの意見には同調する」
・「遅刻も厳禁」

帰国子女だから、変な目で見られたら嫌だなと心配だった。
けれど、夏期講習には地方から東京に来た子が多くて、
なんだか私と似たテンションの子が多かった気がする。
心配は杞憂に終わり、
福島県から来ていた女の子と、日本で初めて友達になった。

受験生活の楽しみは、シュークリームだった。

仕送りしてもらうお金の中からやりくりするため、

好き放題に買い物はできなかった。

チリにはない、ふわっとしたクリームと柔らかい生地に、

18歳の私は虜にされた。

日本に住んでみて、わかったこと

日本に住んでみて、わかったことがたくさんあった。

・「電車は時間通りに到着する」

・「レジの店員さんはいつも丁寧で、
姿勢正しくお客さんを待ってくれている」

・「カフェで泣いている子どもがいても、
みんな怒らず泣き止むのを待っている」

・「クリーニング屋さんは、
間違えのないように必ず引き換え用の紙をくれる」

・「電気工事に来てくれた人は準備万端で来て、
用事をさくっと終わらせてくれる」

・「スーパーに並ぶイチゴはどれも同じ形で、
すごくきれいにパッケージされている」

同時に気づいたこともある。チリでは、

- 「電車は遅れるもの」
- 「レジの店員さんは、店員同士でおしゃべりをする」
- 「カフェで泣いている子どもがいると、
  やさしく話しかけてくれる人がいる」
- 「クリーニング屋さんは番号さえわかれば大丈夫よ、
  というスタンス」
- 「電気工事の人はごめん30分遅れるよ、と平気に遅刻する。
  でも、ついでにほかの場所もチェックしてくれる」
- 「いちごはカゴに山積みで売られている。
  潰れているものもあるけど味は美味しい」

でも、「どっちが良い悪い」じゃない

どっちを見ても良く見えたり、
考え方によっては悪く見えたりもする。

けれど、どちらが良いとか悪いとか、という話じゃない。
私は、**「この両面を知っていることが大事」**と思っている。

そして、**「自分で好きな方を選択できるといいな」**と
思って、生きてきた。
“違い”には“両面性”があるということを、
チリにいながら日本人として生きていくうえで、
自然と感じてきたのかもしれない。

高校の美術の授業では、テーマを自分で決めて、
毎月一つ作品を制作する授業があった。
私はある年、“両面性”をテーマに作品を作り続けた。
たとえば、チリの国旗の色を使った、日本の浴衣。

片面しか知らないと、
もしかすると悪い面しか見えていないかもしれない。
そう考えるともったいない。

「世界を知ることで、生き方の幅って変わるんじゃないか」
そう思って、日本とチリ以外の国を見にいこうと思った。

「心地いいって何だろう?」

大学の長期休みには海外へ行った。
同じアジアでも、
カンボジアは田舎の風景を目にすることが多く、穏やか。
反対にシンガポールは高いビルが並び、活発。
ミクロネシアに私の大好きなコンビニはないけれど、
手つかずの自然と美しい海がどこまでも続いていた。
オーストラリアには、朝からサーフィンをして、
そのあと仕事へ行く人たちがいた。
国によって流れる空気感が違った。
「こんな生き方もありなの?」と思わせてくれる人がいた。

大学を卒業したあとは、日本で就職をした。
なんだかんだ日本語がいちばん話しやすいこともあるし、
友達もたくさんできた。
そして、そのほとんどが、
学外で出会った"旅"が大好きな人たちだった。
旅好きな友達といると、心地よかった。

「心地いいって何だろう?」

チリで18年間育った日本人という私は、
日本で生まれ育った人たちとは、
やはりどこかリズムや感覚が違うらしい。

すこし、寂しい思いをしたこともあった。

だけど彼らは、旅人たちは、
まったくそんなこと（私が帰国子女だということ）を気にしないし、
「面白い人生だね！」と、むしろ興味を持って聞いてくれた。
日本では“異質”だった私を、何事もなく受け入れてくれた。
すごく、すごく嬉しかった。

きっとそれは、旅先で、良いことも悪いことも、
世界にはいろんな当たり前があることを知ってきたからだ。

旅人たちは、知っている

何もしないことの幸せも、忙しく過ごすことの充実感も、
旅人たちは知っている。
お金をかけない遊びのおもしろさも、お金で買える興奮も、
旅人たちは知っている。
言葉が通じない歯がゆさも、
言葉がなくても伝わるコミュニケーションがあることも、
旅人たちは知っている。

あなたにとって、私が変わっている人だということも、
私にとって、あなたが変わっている人だということも。

RECOMMENDED BY
SCO
14
12
TRES CRUCES DE ORO
AVENIDA
ENIDA DEL EJ
E NUMBE
L AIRPORT:
1414 - 22211
3030
UND TERMIN
222125 - 252
6088 - 25222
TOURISM: 24
:252987
IGLESIA
1
2
7 SANTA
8 SANTA TERESA

チリも日本も、私は同じだけ好きだ

そして日本で、私は二児の母になった。
父と母は、今もチリで暮らしている。

この間、生まれて５か月前の娘と、
甘えん坊な２歳の息子を連れて、初めてチリへ里帰りした。
家族といるからか、ラテンの空気に包まれたからなのか、
フッと肩の荷が降りた気がした。
何でもない日を家族と過ごし、季節のフルーツを楽しみ、
焦りのないこの生活に心が落ち着いた。

私にとってはここが故郷だ。
チリの生活が好きだ。
でも、今やたくさんの友達がいる日本も同じだけ好きだ。

やっぱり、どちらが良い悪いじゃない。

思い出すのは、高校を卒業して、
日本に向かった18歳のあの日。

親の都合でチリに来て、数年経つと日本に帰っていく。
今まで、そんな友達を数え切れないほど
空港で見送ってきたけれど、
その日は初めて私が見送られる番だった。

日本へ行く便は決まって夜で、
暗くなったサンチャゴの街を車で空港に向かった。
チェックインを済ませ、みんなの顔が見えなくなると、
緊張、期待、寂しさ、高揚、
いろんな感情がごちゃ混ぜになって押し寄せてきた。

日本に着いて、飛行機を降りた瞬間、
夏のじめっとした空気がした。
周りからは日本語しか聞こえない違和感。
長いフライトを終え、
そこから、私の日本での人生は始まった。

「どこで生きるか」ではなく「誰と」

世界中がDiversityになりつつある今、
私の心地いい場所はどこにあるんだろう？

海外で育ち、旅をして、今は子どもを連れて。

30年弱生きてきて思うことは、
それはたぶん、どこかの国という話ではない、ということ。
チリ人とか、日本人とか、
そんな継ぎ目のあるような話じゃないんだ。

自分という個性を受け入れてくれる人たちと、
生きること。
それが“心地いい”ということなんだと思う。

どこで生きるかではなく、
誰と生きるか、という話なんだと思う。

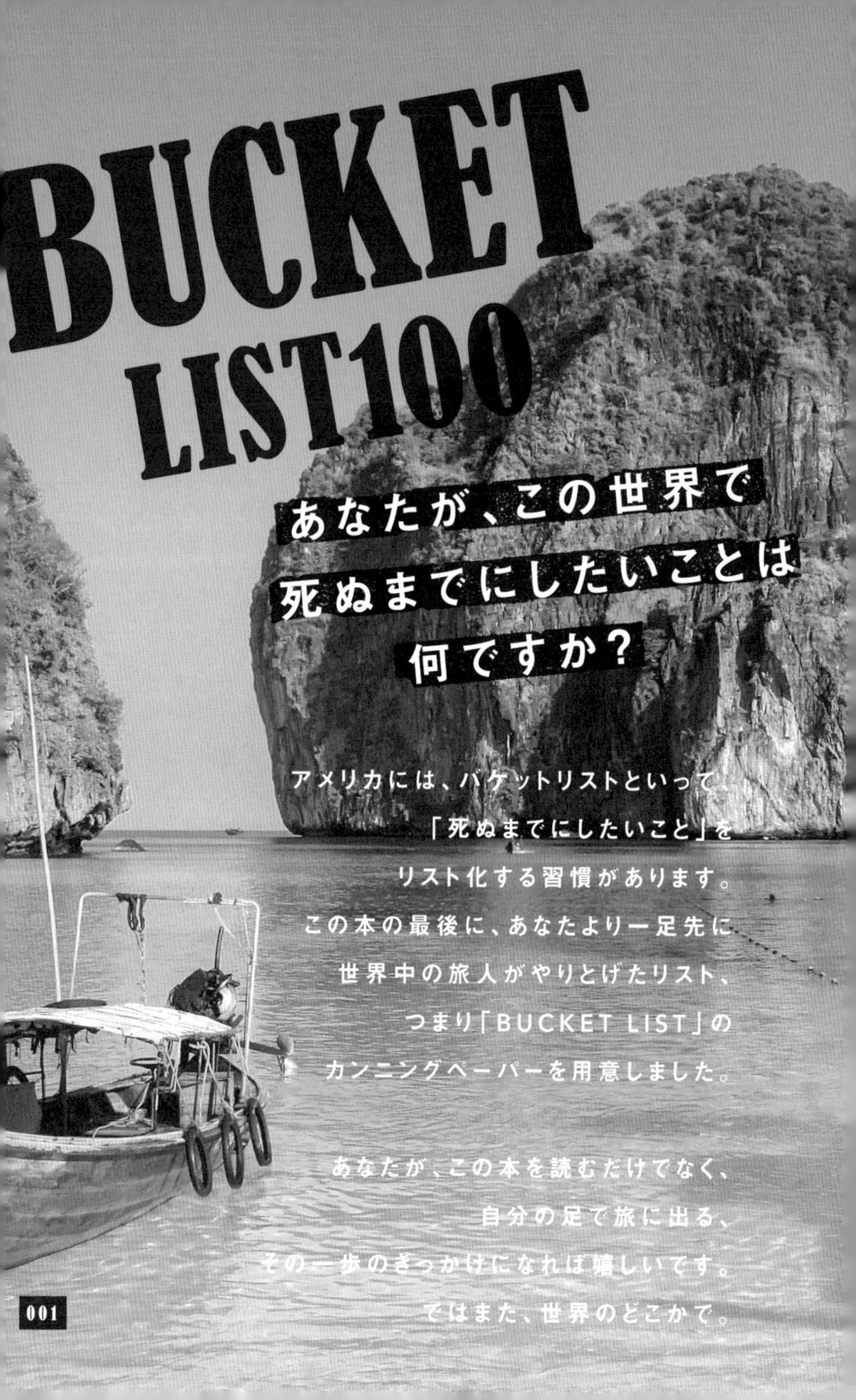

BUCKET LIST100

あなたが、この世界で死ぬまでにしたいことは何ですか？

アメリカには、バケットリストといって、
「死ぬまでにしたいこと」を
リスト化する習慣があります。
この本の最後に、あなたより一足先に
世界中の旅人がやりとげたリスト、
つまり「BUCKET LIST」の
カンニングペーパーを用意しました。

あなたが、この本を読むだけでなく、
自分の足で旅に出る、
その一歩のきっかけになれば嬉しいです。
ではまた、世界のどこかで。

アジア

001.（タイ）冒険心くすぐる秘密の楽園**「ピピ島」**で絶景ダイビング／**002.**（タイ）**「イーペンランナー・インターナショナル」**で、数千のランタンで埋め尽くされた夜空を見上げる／**003.**（インド）妻への愛が込められた霊廟**「タージ・マハル」**に感動する／**004.** 世界中の**「学校」**を訪れる。インドの田舎の小学校からアメリカのハーバード大学まで！／ **005.**（モンゴル）**「テレルジ国立公園」**でゲル泊して、遊牧民の暮らしを体験したい／**006.**（ベトナム）365日の中で、いちばん美しい満月の夜を**「ホイアンのランタン祭り」**で過ごす／**007.**（ミャンマー）アジア最後のフロンティア。**「バガン遺跡群」**を気球に乗って眺める／**008.**（カンボジア）「天空の城ラピュタ」のモデルと噂の**「ベンメリア遺跡」**で、最高のアイコンを撮りたい／**009.**（カンボジア）**「アンコール・ワット」**を朝から晩まで一日かけて満喫する／**010.**（ネパール）男のロマンがぎゅっと詰まった**「エベレスト」**トレッキングに参加する

011.（フィリピン）たった3,000円で、**「ジンベイザメ」**と超・至近距離シュノーケリング／**012.**（フィリピン）もう日常に戻れない！「秘境」と呼ばれるパラワン島の**「エルニド」**の海にダイブ！／**013.**（マカオ）近未来すぎるSF感…カジノ街の外から**「グランド・リスボア」**を見上げる／**014.**（香港）港まるごと光る！**「シンフォニー・オブ・ライツ」**を見て感動したい／**015.**（シンガポール）眩しいほどの光の演出！ マリーナ湾をめぐる、夜のクルーズに参加して**「マリーナ・ベイ・サンズ」**を眺めたい／**016.**（シンガポール）世界三大がっかりスポット!?**「マーライオン」**と、おもしろ写真に挑戦／**017.**（インドネシア）密林の中の世界三大仏教遺跡**「ボロブドゥール」**で、漂う霧に包まれる／**018.**（インドネシア）空まで飛んでいきそう。ウブドに行ったら**「Bali Swing」**で、渓谷の絶景を真下に見ながら空中ブランコを楽しむ／**019.**（マレーシア）空へ伸びていく2つの超高層ビル**「ペトロナスツインタワー」**が近未来的！ ライトアップをバックに、恋人と記念写真したい

020.（中国）破壊され尽くされてしまう前に…チベット仏教の聖地**「ラルンガル僧院」**へ／**021.**（中国）砂漠の真ん中に光る三日月**「月牙泉」**を目指して、西遊記のような旅を／**022.**（台湾）「千と千尋の神隠し」の舞台!?**「九份」**でフォトジェニックな記念撮影／**023.**（韓国）グルメとコスメだけじゃない！**「北村韓屋村」**で映画のような１枚を／**024.**（韓国）ふんわり可愛い**「チマチョゴリ」**。韓国の写真館で家族写真を思い出に１枚／**025.**（グアム）**「セスナ機」**で大空へ羽ばたく。南の島の雄大な自然を一度に楽しめる空の旅／**026.**（バングラデシュ）心臓の弱い方は要注意！ ムスリムの祝日**「犠牲祭」**。街中で家畜が生贄にされる伝統的な儀式を写真に収めたい／**027.**（ブータン）断崖絶壁の聖地**「タクツァン僧院」**まで、ヒヤヒヤしながら登りきる／**028.**（スリランカ）ジャングルの中にそびえ立つ大岩**「シーギリヤロック」**の前で記念撮影

029.（パキスタン）まさに「風の谷のナウシカ」の世界。**「フンザ」**で春の絶景と出会う／**030.**（モルディブ）ここに来たら迷わず**「ダイビング」**。透明度抜群のビーチに潜ってウミガメや熱帯魚を見たい

オセアニア

031.（ニュージランド）星空まるごと世界遺産候補！**「テカポ湖」**に大好きな人と行く／**032.**（ニュージランド）星降るテカポ湖を紫色に染め上げる**「ルピナス」**の絶景に埋もれる／**033.**（パラオ）**「ジェリーフィッシュレイク」**でクラゲと一緒にゆらゆらゆらゆら／**034.**（フィジー）水中の殺し屋・オオメジロザメに**「シャークダイブ」**でドキドキ餌付け体験！／**035.**（オーストラリア）**「ケーブル・ビーチ」**で夕日に照らされながらキャメルデート／**036.**（オーストラリア）**「グレートバリアリーフ」**を泳いで竜宮城を探す／**037.**（バヌアツ）海水と湧水が混じり合う、きらめく秘境**「シャンパンビーチ」**で波と絶景とお酒に酔いたい♡

038.（ニューカレドニア）メトル島で愛する人と夢の極上**「水上ウェディング」**を挙げたい！／**039.**（パプアニューギニア）鳥たちの楽園**「バリラタ国立公園」**。珍しいカワセミ、求愛ダンスをするゴクラクチョウ…自然あふれるトレッキングに癒される／**040.**（ミクロネシア）**「ヤップ島」**でマンタと泳ぐ。大接近して、夢のような水中浮遊を楽しみたい／**041.**（サモア）天然の洞窟プール**「トスア・オーシャン・トレンチ」**に直下ダイブしたい！

中東

042.（イラン）**「マスジェデ・ナスィーロル・モスク」**の極彩美に自分の目を疑う／**043.**（トルコ）奇岩地帯**「カッパドキア」**を神の視点から見下ろす／**044.**（トルコ）トルコにもあったウユニ塩湖。**「トゥズ湖」**で鏡張りの絶景に涙する／**045.**（ヨルダン）「インディ・ジョーンズ」の名シーンを**「ペトラ遺跡」**で完全再現／**046.**（UAE）約550億円かけてつくられた**「シェイク・ザイード・グランドモスク」**。中でも1,200人の職人が仕上げた世界最大のペルシア絨毯に注目

047.（イスラエル）ムハンマドが訪れた聖地**「岩のドーム」**。どこかにあると言われている、イスラム教の預言者の足跡を探したい／**048.**（サウジアラビア）これがアラビアのおもてなし文化！ スパイス・カルダモンが入った**「アラビックコーヒー」**を飲み干したい

ヨーロッパ

049.（ヨーロッパ周遊）交通機関や宿に縛られず、自由気ままな旅が楽しめる**「バンライフ」**！ 車内から見える街並み、大自然は移動時間すらも特別なものにしてくれる／**050.**（アイスランド）こんな洞窟、見たことない！ 氷の絶景**「アイスケーブ」**を探検／**051.**（イングランド）ロンドンの象徴**「ビッグ・ベン」**。世界遺産でもある国会議事堂の時計台をバックに友人と記念撮影したい／**052.**（フィンランド）ふかふかに積もった雪の上に寝転がって、**「ラップランド」**のオーロラを待つ／**053.**（ノルウェー）ガックガクに足が震えるけれど、**「トロルの舌」**でジャンプ写真を撮りたい！／**054.**（スウェーデン）**「ストックホルムの時計台」**の下で、「魔女の宅急便」を思い出す／**055.**（オランダ）**「アムステルダム運河クルーズ」**。水の都をぐるっと一周できるのでオススメ。船の上からおしゃれな街並みや暮らしを眺めたい

056.（ベルギー）2年に一度の限定絶景へ！**「グランプラス」**のフラワーカーペットをこの目で見る／057.（ポーランド）小さいころ憧れていた、美しすぎる**「ポーランドの伝統衣装」**。昔ながらの刺繍の服に袖を通して着飾りたい／058.（ドイツ）**「ホーエンツォレルン橋」**と**「ケルン大聖堂」**の見事なコラボを撮影／059.（ドイツ）**「ノイシュヴァンシュタイン城」**を眺めて、わたしもシンデレラ!? と勘違いする／060.（フランス）晴れ渡る夏空をバックに**「エッフェル塔」**渾身の1枚をパシャリ／061.（フランス）神秘の修道院**「モン・サン・ミッシェル」**まで歩いて渡る／062.（スペイン）死ぬのが先か、できるのが先か。いつか完成した**「サグラダ・ファミリア」**を／063.（スペイン）**「カルモナ」**の満開のひまわり畑で、恋人とおいかけっこ♡／064.（ポルトガル）**「アンブレラ・スカイ・プロジェクト」**をこの目に焼き付ける

065.（チェコ）緑が風にゆらゆら……。「**モラヴィア**」の大草原に寝転んでみたい／**066.**（オーストリア）世界でもっとも美しい湖畔「**ハルシュタット**」で、しばらく現実逃避する／**067.**（ハンガリー）「**ゲッレールトの丘**」の夜から、世界でもっとも美しい首都を眺める／**068.**（スイス）朝日に染まる「**マッターホルン**」で、自分至上最高の朝をスタートさせたい／**069.**（イタリア）到着した瞬間、目の前に広がる大運河。水の都「**ヴェネチア**」でゴンドラに浮かぶ／**070.**（クロアチア）鮮やかすぎる海の青さとオレンジ屋根「**ドゥブロヴニク**」の絶景を待ち受けに／**071.**（ギリシャ）可愛い旅は女の子の特権♡「**サントリーニ島**」の白と青の世界に浸る／**072.**（ウクライナ）木漏れ日があふれる「**愛のトンネル**」で、手をつないで永遠の愛を誓い合う／**073.**（ロシア）タマネギドームがファンタジーすぎる……「**聖ワシリイ大聖堂**」をこの目で

074.（ジョージア）**「ツミンダ・サメバ教会」**目指して、天国のような絶景トレッキング

アフリカ

075.（モロッコ）聞こえてくるのはラクダの足音と風の音だけ。**「サハラ砂漠」**で静寂の時間を過ごす／**076.**（モロッコ）青の街**「シャウエン」**で写真を撮って、大切な人へ絵葉書を出す／**077.**（タンザニア）戦士**「マサイ族」**の華麗なるジャンプ力を目の前で見て、拍手してみたい／**078.**（ケニア）**「アンボセリ国立公園」**で、野生の動物たちと山のシルエットを一望／**079.**（ナミビア）ナミブ砂漠の奥地**「デッドフレイ」**で、砂漠が絵画になる瞬間を切り取る／**080.**（南アフリカ）本当にあった**「喜望峰」**に立って海に向かって大声で叫ぶ／**081.**（エジプト）ラクダに乗って**「ピラミッド」**見てきたよ、なんてお土産話をつくってくる

北中米

082.（USA）絶景**「ホースシューベント」**を見下ろす背中をカッコよく自撮り

083.（USA）**「サルベーションマウンテン」**で愛（好きな人の名前）を叫ぶ／**084.**（カナダ）なんだこの青さは。お札になるほど美しい**「モレーン湖」**の青の景色に圧倒される／**085.**（メキシコ）まるで宝石箱をひっくり返したよう！**「グアナファト」**の夜景に惚れ惚れする／**086.**（メキシコ）**「カンクン」**の青い海で、モデルばりに写真を撮る／**087.**（キューバ）半世紀前のレトロ**「クラシックカー」**に乗ってハバナの空気を感じたい／**088.**（ハワイ）**「ダイヤモンドヘッド」**の頂上から、虹が見れたらそれだけでラッキージャーニー！／**089.**（ハワイ）宇宙にいちばん近い場所**「マウナケア」**で新婚旅行のハイライトを過ごしたい

南米

090.（アルゼンチン）数分間だけの魔法…！ 朝日に照らされる**「フィッツロイ」**を拝む／**091.**（ボリビア）世界一の大絶景**「ウユニ塩湖」**で、空の上を歩いてみたい

092.（コロンビア）**「メデジン」**を染めるオレンジ屋根の上をケーブルカーでひとっ飛び！／**093.**（ブラジル）超セクシー♡なお姉さんに紛れて、**「リオのカーニバル」**にコスプレ参加！／**094.**（ブラジル）真っ白なシーツのような波打つ砂丘**「レンソイス」**で無邪気に駆け回る／**095.**（パラグアイ）まさに極彩。伝統刺繍、虹色の**「ニャンドゥティ」**をゲット／**096.**（エクアドル）ガラパゴスに行くなら野生動物の宝庫**「サンタクルス島」**へ／**097.**（チリ）**「イースター島」**で、モアイ像と並んで写真を撮りたい／**098.**（ペルー）ワイナピチュから天空都市**「マチュピチュ」**を見下ろす／**099.**（ウルグアイ）ピカソの弟子が建築した美しすぎるホテル**「カサプエブロ」**に宿泊／**100.**（南極）**「南極」**の氷に囲まれたマイナス89°の世界で極寒体験

P2-3,6-7,10-11 text & photo by 古性のち

P1 everst/P12-15 伊佐知美/P24-25 Karjalas/P40 steveball/P52 fagianellaz/P55 diy13/P64 Jayakumar/P71 alice-photo/P76 Pond2012p/P84 TZIDO SUN/P91 MisterStock/P104 vipman/P123 Andrii A/P170 Martin Lehmann/P174 N.Minton/P182 Tim90/P185 STILLFX/P208 inewsfoto/P212 Christopher Meder/P230 sutlafk/P269 Takayuki Nakamura/P295 Siarhei Tolak/P303 Ekaterina Pokrovsky/P317 Evseymarta/P323 phive/P327 Ocskay Mark/P366-367 jakkapan/P19,53,67,101,121,173,191,207,235,267,301,355 Bloomicon by shutterstock.com/

P57 うすいももか、Judy-大沼田唯加/P61 美祐、平野嵐、Tomoya Hasegawa
P82 ほそい/P87 原田敦史/P88 渡邉素子/P89 原田敦史/P93 猪原麻友美/P94 Instagram@sanomarina

BUCKET LIST100 001 Don Mammoser/002 PanatFoto/003 Olena Tur/004 平岡慎也/005 pedrosala/006 Santiago Duarte/007 posztos/008 LightRecords/009 Tom Roche/010 Daniel Prudek/011 Chanwit Polpakdee/012 Dmitry Pichugin/013 vichie81/014 Javen/015 Patrick Foto/016 中美砂希/017 caminoel/018 Artem Beliaikin/019 Patrick Foto/020 Southtownboy Studio/021 Rick Wang/022 Richie Chan/023 Joshua Davenport/024 manoimage@PIXTA/025 aaa85@PIXTA/026 Mohd Hafizan bin Ilias/027 MC_Noppadol/028 saiko3p/029 Siripong Jitchum/030 Martin Valigursky/031 SkyImages/032 Blue Planet Studio/033 Ethan Daniels/034 Martin Prochazkacz/035 bmphotographer/036 ChameleonsEye/037 Przemyslaw Skibinski/038 Damsea/039 feathercollector/040 1079194943/041 Martin Valigursky/042 SJ Travel Photo and Video/043 Volodymyr Goinyk/044 muratart/045 Aleksandra H. Kossowska/046 Vinnikava Viktoryia/047LALS STOCK/048 Momen Khaiti/049 タビワライフ/050 Kuznetsova Julia/051 S.Borisov/052 Victor Maschek/053 Max Topchii/054 Oleksiy Mark/055 Gaspar Janos/056 Andrjuss/057 ABO PHOTOGRAPHY/058 長沼茂希/059 Taiga/060 engel.ac/061 canadastock/062 Evannovostro/063 Simonas Vaikasas/064 Bucha Natallia/065 Roxana Bashyrova/066 canadastock/067 Resul Muslu/068 Jakl Lubos/069 Iakov Kalinin/070 Hivaka/071 PHOTOCREO Michal Bednarek/072 kryvorotova anna/073 Baturina Yuliya/074 irisphoto1/075 Yongyut Kumsri/076 Vixit/077 Kanokratnok/078 khanbm52/079 evenfh/080 TUX85/081 Maksym Gorpenyuk/082 ViquezVisuals/083 Kevin Key/084 Lucky-photographer/085 Bill Perry/086 ザキが黙ってない。/087 Suzanne Tenuto/088 Mike Liu/089 Kelsie DiPerna/ 南米 090 Ionov Vitaly/091 Olga Kot Photo/092 doleesi/093 Gold Stock Images/094 清水直哉/095 Don Mammoser/096 Discover Marco/097 Alberto Loyo/098 Milton Rodriguez/099 ThiagoSantos/100 Matt Berger 001~003,005~015,017~023,026~057,059~085,087~093,095~100 by shutterstock.com

P004,008,012 J.J.Brown/P042,072,073,081,106,116,156,169,197,203,223,232,290,293,298,322,328,359,364 paketesama/P037,083,153,219,285,319,335 Halfpoint/P237 Kitch Bain/P184 phototodos/P243 narcisopa/P110 Olga/P026,130 LiliGraphie by stock.adobe.com

カバー　Dmitry by stock.adobe.com/Nattha99 by stock.adobe.com/everst by shutterstock.com
帯・見返し　Dmitry by stock.adobe.com
表紙　Porcupen by shutterstock.com

僕が旅人になった日

2020年9月21日 第1刷発行

編者　TABIPPO

発行者　大塚啓志郎・髙野翔
発行所　株式会社ライツ社
兵庫県明石市桜町2-22
TEL 078-915-1818
FAX 078-915-1819
編集　大塚啓志郎・有佐和也（ライツ社）
小井詰祥予・中美砂希・青木良祐（TABIPPO）
営業　髙野翔・吉澤由樹子・堀本千晶（ライツ社）
装丁・デザイン　西垂水敦・市川さつき（krran）
挿絵　寺門朋代（TSUMASAKI）
印刷・製本　シナノパブリッシングプレス
企画協力　玉置敬大・三原琴実（note）

乱丁・落丁本はお取替えします。

©2020 TABIPPO printed in Japan

ISBN 978-4-909044-27-3

ライツ社HP http://wrl.co.jp
ご感想・お問い合わせMAIL info@wrl.co.jp

SAHAR AIRPORT BOMBAY
DEP-1 (K)
05 JUNE 1978
IMMIGRATION

TRUNK & STAMP

IMMIGRATION
ARRIVED
SYDNEY AIRPORT
152W
AUSTRALIA

REPUBLICA DE NICARAGUA
AEROPUERTO INTERNATIONAL
MANAGUA
E 16 JUN, 2011
Inspectar
PERMANANCIA
DIAS